供临床医学、护理学等专业用

药理学

学习指南

主　编　刘晓菊　李　融　田秀琼　陈红梅
副主编　王　君　陈　萌　刘亚军　王　强

天津出版传媒集团
 天津科技翻译出版有限公司

图书在版编目(CIP)数据

药理学学习指南 / 刘晓菊等主编.—天津: 天津科技翻译出版有限公司, 2013.4

ISBN 978-7-5433-3220-1

Ⅰ.①药… Ⅱ.①刘… Ⅲ.①药理学－医学院校－教学参考资料 Ⅳ.①R96

中国版本图书馆 CIP 数据核字(2013)第 062600 号

出　　版:天津科技翻译出版有限公司
出 版 人:刘 庆
地　　址:天津市南开区白堤路 244 号
邮政编码:300192
电　　话:022-87894896
传　　真:022-87895650
网　　址:www.tsttpc.com
印　　刷:湖北省公安印刷厂
发　　行:全国新华书店
版本记录:787 × 1092　16 开本　13 印张　160 千字
　　　　　2013 年 4 月第 1 版　2013 年 4 月第 1 次印刷
　　　　　定价:32.00 元

编者名单

主　编　刘晓菊　李　融　田秀琼　陈红梅

副主编　王　君　陈　萌　刘亚军　王　强

编　委　(按姓氏笔画排序)

王　君　武汉科技大学医学院

王　强　武汉科技大学医学院

田秀琼　仙桃职业学院

刘　君　仙桃职业学院

刘亚军　武汉工业学院医学技术与护理学院

刘晓菊　仙桃职业学院

李　融　仙桃职业学院

张　伟　武汉科技大学医学院

陈　萌　湖北省中山医院

陈红梅　湖北省中山医院

胡　琪　武汉科技大学医学院

郭凯文　武汉科技大学医学院

魏　丽　仙桃市中医院

前言

本书是药理学课程的配套学习辅导教材，供高等医药院校的基础医学、临床医学、口腔医学、预防医学、护理学、药学类专业的本、专科生复习考试使用。此外，对于从事药理学教学的教师及命题人员，本书亦具有一定的参考价值。

药理学是一门重要的医学基础理论课。为了帮助学生牢固掌握药理学的基础理论和基础知识，熟悉常用的考试题型，我们根据多年的教学经验和考试命题、阅卷的体会，编写这本配套学习辅导教材。每章的内容包括以下三部分。

1.教学大纲要求：根据教学大纲的要求，用精练准确的文字写出各章要求掌握、熟悉和了解的内容，既可以指导学生复习，也可以作为教师授课的主要依据。

2.复习提要：将每章的内容用简洁的语言表达，便于学生自学，掌握其中的重点内容和考点。

3.习题：供学生课后复习时自我检测对所学知识的掌握程度，同时让学生熟悉常用的考试题型，也可供教师命题出卷时参考。本书选用了六种常用的题型：名词解释、填空、单选题、多选题、简答题和论述题。

由于编者知识水平有限，加之时间仓促，书中的缺点和错误在所难免，欢迎广大同仁及读者批评指正，以便再版时进行改正。

编者

2013年2月

目 录

第一章　绪言

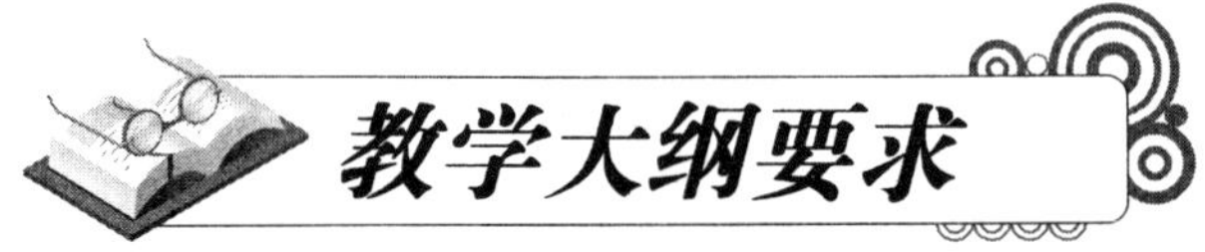

1.掌握药理学、药物效应动力学和药物代谢动力学的概念。

2.熟悉药理学的性质与任务。

3.了解新药的概念和研究内容。

一、药理学的性质与任务

1.药物的概念　药物是可以改变或查明机体生理功能及病理状态，用于预防、诊断和治疗疾病的物质。药物与毒物之间并无严格界限。药物根据来源不同可分为天然药物、合成药物和基因工程药物三类。

2.药理学的概念　药理学是研究药物与机体(包括病原体)之间相互作用及其规律的一门学科，是联系基础医学与临床医学的桥梁学科。药理学研究内容包括药物效应动力学和药物代谢动力学。

3.药理学的学科任务

(1)阐明药物作用及作用机制，为临床合理用药提供科学依据。

(2)研究开发新药，发现药物新用途。

(3)探索生命现象的本质和揭示疾病发生、发展的规律。

二、新药的概念

新药是指化学结构、药品组分或药理作用不同于现有药品的药物。我国的《药品注册管理办法》规定，化学药品新药是指"未曾在中国境内上市销售的药品"，"改变给药途径且尚未在国内外上市销售的药品"，"已在国外上市销售但尚未在国内上市销售的药品"等；中药、天然药物的新药一般指"未在国内上市销售的从植物、动物、矿物等物质中提取的有效成分及其制剂"等。新药亦包括未在国内外上市的生物制品，包括治疗用生物制品和预防用生物制品。

一、名词解释

1.药理学

2.药物

3.新药

二、填空

1.药理学研究内容包括_____和_____。

三、单选题

1.药理学是研究(　　)。

A.药物的科学

B.药物与机体之间相互作用及其规律

C.药物对机体的作用

D.机体对药物的处置过程

E.药物在临床应用的学科

2.药物是指(　　)。

A.天然和人工合成的物质

B.能损害机体健康的物质

C.能影响机体生理功能的物质

D.预防、治疗或诊断疾病的物质

E.干扰细胞代谢活性的物质

3.新药不包括(　　)。

A.已在国外上市销售但尚未在国内上市销售的药品

B.改变给药途径的药品

C.改变给药剂量的药品

D.未在国内外上市的生物制品

E.未在国内外上市销售的药品

四、是非题

1.药物一旦应用不当就是毒物。　(　　)

2.药理学的研究对象主要是实验动物。　(　　)

（陈红梅）

第二章　药物效应动力学

1.掌握药物基本作用与效应、作用类型、不良反应类型及其特点。

2.掌握受体激动药、受体阻断药的概念。

3.了解药物的量效关系。

4.了解药物作用机制。

药物效应动力学研究药物对机体的作用及作用机制，研究内容包括药物与细胞靶点之间相互作用所引起的生物化学、生理学和形态学的变化，药物作用的全过程和分子机制。

一、药物作用的基本规律

（一）药物的作用与效应

1.药物作用与药理效应

（1）药物作用是指药物对机体的初始作用。

（2）药理效应是药物作用引起机体生理、生化功能或形态的变化，是药物作用的结果，是机体对药物反应的表现。

2.药物的基本作用

（1）兴奋作用：凡是能使机体生理功能、生化代谢增强的作用称兴奋作用。

（2）抑制作用：凡是能使机体生理功能、生化代谢减弱的作用称抑制作用。

兴奋和抑制在一定条件下可相互转化。

3.药物的效应

（1）可以直接作用（药物直接对其所接触的器官、细胞产生作用），也可以间接作用（通过机体反射机制或生理性调节间接产生作用）。

（2）药物效应的范围与其药理作用的选择性有关。

（二）防治作用与不良反应

1.防治作用　分为预防作用、对因治疗和对症治疗。

（1）预防作用：用药目的在于预防疾病的发生。

(2)对因治疗:用药目的在于消除致病因子,彻底治愈疾病,或称治本。

(3)对症治疗:用药目的在于改善疾病症状,或称治标。

2.不良反应 凡不符合用药目的并给患者带来不适或危害的反应。不良反应的主要类型包括副反应、毒性反应、后遗效应、变态反应、继发反应、特异质反应、依赖性和停药反应。

(1)副反应:是指药物在治疗剂量时出现的与治疗目的无关的作用。副反应是药物本身固有的,是因药物选择性低而引起的,一般较轻并可以预知,多数是可以恢复的机体功能变化。有的药物随治疗目的不同,治疗作用和副作用可以互相转化。

(2)毒性反应:是指药物用量过大、用药时间过长发生的危害性反应。毒性反应一般较严重,但是可以预知和避免。分为急性毒性反应和慢性毒性反应。急性毒性多损害循环、呼吸及神经系统,慢性毒性多损害肝脏、肾脏、骨髓、内分泌等器官。"三致"(致突变、致癌、致畸)属慢性毒性范畴。

(3)后遗效应:是指停药后血药浓度已降至阈浓度以下,残存的药理效应。

(4)变态反应:是指药物作为抗原或半抗原所引发的免疫反应。变态反应常见于过敏体质的人,与药物的剂量关系不大,反应严重程度个体差异很大。

(5)继发反应:是指由药物的治疗作用所引起的不良后果。

(6)特异质反应:是指少数患者由于遗传异常,对某些药物产生的异常反应。

(7)依赖性:是指长期应用某些药物,机体对药物产生了依赖和需求,从而迫切要求继续使用以避免停药引起的不适。依赖性可分为精神依赖性和躯体依赖性。

精神依赖性:也称心理依赖性或习惯性,是指用药后机体产生的一种愉快满足感,有连续用药的欲望,停药有主观不适,但无客观体征,停药对机体不产生严重危害。

躯体依赖性:也称生理依赖性或成瘾性,是指反复用药,机体必须有足量药物才能维持正常生理活动,突然停药可出现戒断症状,表现为一系列的生理功能紊乱。

(8)停药反应:是指长期应用某些药物,突然停药后原有疾病的症状重现甚至加剧,又称反跳。

二、药物的量效关系

(一) 量效关系

在一定范围内同一药物的剂量(或浓度)增加或减少时,药物的效应随之增强或减弱,药物的这种剂量(或浓度)与效应直接的关系称为量效关系。量效关系可用量效曲线或浓度-效应曲线定量反应。量效曲线通常以药理效应的强度为纵坐标,药物剂量或浓度为横坐标。

(二) 量效曲线的意义

1.药物的效能、效价强度比较

(1)效能:是指药物所能产生的最大效应。

(2)效价强度:简称效价,是指引起等效反应所需的剂量,其值越小则强度越大。

2.药物的安全性评价

(1)治疗指数(TI):指药物半数致死量与半数有效量之比,即 $TI=LD_{50}/ED_{50}$,治疗指数越大药物越安全。半数致死量指能引起50%实验对象死亡的剂量。半数有效量指能引起50%最大效应(量反应)或50%阳性反应(质反应)的剂量。

(2)安全范围:指95%有效量(ED_{95})与5%致死量(LD_5)之间的距离,其距离越大越安全。

三、药物作用机制

(一)药物作用机制主要有以下几个方面:

1.改变细胞内环境的理化性质。

2.影响细胞代谢。

3.影响酶活性。

4.影响物质转运。

5.影响免疫。

6.作用于受体。

(二)药物与受体的作用

1.受体的概念与特性

(1)受体的概念:是指存在于细胞膜、胞质内、细胞核上的生物大分子,能识别、结合特异性配体(药物、递质、激素等)产生效应。

(2)受体的特性:特异性、灵敏性、饱和性、可逆性、多样性、可调节性、亲和性、竞争性。

2.作用于受体药物的分类　药物作用于受体引起效应,须具备两个条件:一是药物与受体结合的能力,即亲和力;二是药物与受体结合后激动受体的能力,即效应力,又称内在活性。根据药物与受体结合后所产生效应的不同,将作用于受体的药物分为激动药和阻断药。

(1)激动药:既有亲和力又有效应力的药物。又分为:

①完全激动药:有较强亲和力和较强效应力的药物。

②部分激动药:有较强亲和力,但效应力较小,单独存在时有较弱的激动受体作用,与激动药并用时可拮抗激动药的部分效应。

(2)阻断药:有较强亲和力,但无效应力,不能激动受体引起效应,但因占据受体而拮抗激动药的效应。又分为:

①竞争性阻断药:能和激动药可逆性地竞争同一受体,拮抗激动药的作用。

②非竞争性阻断药:与受体结合后是相对不可逆的,从而导致受体构型改变和受体反应性下降,使激动药难以与受体结合。

3.受体调节　是指在生理、病理或药物等因素影响下,受体数目、亲和力和效应力等方面发生改变,是维持机体内环境稳定的重要因素。包括以下几种:

(1)受体增敏:长期应用受体阻断药引起受体数目增多,亲和力、效应力增强,受体对激动药的敏感性和反应性增强。是某些药物"停药反跳"的原因。

(2)受体脱敏:长期应用激动药引起受体数目减少,亲和力、效应力下降,受体对激动药的敏感性和反应性下降。是产生耐受性的原因之一。

一、名词解释

1.药物效应动力学
2.药物作用
3.药理效应
4.兴奋作用
5.抑制作用
6.对因治疗
7.对症治疗
8.副反应
9.依赖性
10.停药反应
11.量效关系
12.半数有效量
13.半数致死量
14.治疗指数
15.安全范围
16.受体
17.激动药
18.阻断药
19.部分激动药
20.内在活性

二、填空

1.药物的基本作用包括_____和_____两类。

2.药物的防治作用可分为_____、_____和_____三类。

3.慢性毒性反应中的“三致”:是指_____、_____和_____。

4.依赖性可分_____和_____两种类型,其中突然停药会出现戒断症状的是_____。

5.一般将药物_____与_____的比值称为治疗指数(TI),用以表示药物的安全性。

6.安全范围是指_____和_____之间的距离。

7.药物作用于受体引起效应,须具备_____和_____两个条件。

8. 激动药是指既有______又有______的药物。激动药根据激动受体强弱不同可分为______和______两类。

9.阻断药是指有较强_____但无_____的药物。阻断药可分为_____和_____两类。

10.长期使用_____引起受体增敏,是某些药物_____的原因;长期使用_____引起受体脱敏,是药物产生_____的原因之一。

三、单选题

1.以下不是药物效应动力学的研究内容的是(　　)。

A.药物体内过程　B.量效关系　C.药物的药理作用

D.药物不良反应　E.药物作用机制

2.以下属于药物兴奋效应的是(　　)。

A.钙拮抗剂降血压　B.强心苷加强心肌收缩力

C.巴比妥类药物镇静催眠　D.阿托品缓解胃肠道平滑肌痉挛

E.抗生素杀灭细菌

3.药理效应是(　　)。

A.药物对机体的初始作用　B.药物作用的结果　C.药物作用的特异性

D.药物作用的选择性　E.药物作用的临床疗效

4.药物作用的两重性是指(　　)。

A.对因治疗与对症治疗　B.预防作用与治疗作用　C.防治作用与不良反应

D.药物作用与药理效应　E.原发作用与继发作用

5.出现副作用的剂量是(　　)。

A.极量　B.<治疗量　C.=治疗量　D.>治疗量　E.阈剂量

6.药物副反应产生的药理学基础是(　　)。

A.用药剂量过大　B.机体的敏感性过高　C.用药时间过长

D.药物作用的选择性低　E.药物的作用过强

7.治疗剂量阿托品用于缓解胃肠痉挛时,引起口干是(　　)。

A.副作用　B.毒性反应　C.变态反应　D.继发反应　E.后遗效应

8.过量服用镇静催眠药抑制呼吸是(　　)。

A.变态反应　B.副作用　C.毒性反应　D.继发反应　E.后遗效应

9.注射青霉素引起的过敏性休克是(　　)。

A.特异质反应　B.变态反应　C.副作用　D.毒性反应　E. 反跳现象

10.长期应用广谱抗生素引起二重感染是(　　)。

A.变态反应　B.副作用　C.特异质反应　D.继发反应　E.毒性反应

11.属于后遗效应的是(　　)。

A.青霉素过敏性休克　B.地高辛引起的心律失常　C.呋塞米所致低血钾

D.保泰松所致的胃肠损害　E.巴比妥类药催眠后所致的次晨宿醉现象

12.下列药物不良反应与个体体质有关,与用药剂量无关的是(　　)。

A.副作用　B.毒性反应　C.依赖性　D.变态反应　E.继发反应

13.有关药物毒性反应的描述,正确的是(　　)。

A.与用药时间无关　B.与用量无关

C.大多为难以预知的反应　D.有时也与机体高敏性有关

E.一般不造成严重损害

14.药物依赖性是指机体对药物产生(　　)。

A.精神依赖 B.躯体依赖 C.耐受性增加 D.耐受性降低 E.精神与躯体依赖

15.质反应中药物的 ED_{50} 是指(　　)。

A.引起 50%最大效能的剂量 B.引起 50%阳性反应的剂量

C.引起 50%实验对象死亡的剂量 D.达到 50%有效血药浓度的剂量

E.引起 50%实验对象中毒的剂量

16.A 药与 B 药治疗指数相等,但 A 药安全范围大于 B 药,说明(　　)。

A.A 药与 B 药安全性相当 B.A 药比 B 药安全 C.B 药比 A 药安全

D.A 药比 B 药有效 E.B 药比 A 药有效

17.下列可表示安全性的参数是(　　)。

A.极量 B.效能 C.效价 D.治疗指数 E.最小有效量

18.治疗指数是指(　　)。

A.ED_{50}/LD_{50} B.ED_{95}/LD_{5} C.LD_{50}/ED_{50} D.LD_{5}/ED_{95} E.LD_{95}/ED_{5}

19.药物与受体结合后,可能激动受体也可能阻断受体,这取决于(　　)。

A.药物的效能 B.药物与受体的亲和力 C.药物是否具有内在活性

D.药物的脂溶性 E.药物的剂量大小

20.下列对部分激动剂的叙述错误的是(　　)。

A.具有较弱的内在活性和较强的亲和力

B.具有较弱的亲和力和较强的内在活性

C.单独使用时,呈现弱的激动剂的作用

D.具有激动和拮抗两种特性

E.与激动药并用时可拮抗激动药的部分效应

21.竞争性拮抗剂的特点是(　　)。

A.有亲和力,有内在活性 B.有亲和力,无内在活性 C.无亲和力,无内在活性

D.无亲和力,有内在活性 E.以上均不是

22.药物的内在活性是指(　　)。

A.药物脂溶性大小 B.药物对受体的亲和能力 C.药物水溶性大小

D.激动受体的能力 E.药物穿透生物膜的能力

23.高血压患者长期应用β受体阻断药,突然停药血压骤然升高是(　　)。

A.发生了受体增敏,引起耐受性 B.发生了受体脱敏,引起耐受性

C.发生了受体增敏,引起停药反应 D.发生了受体脱敏,引起停药反应

E.继发反应

四、多选题

1.下列关于对因治疗的描述,正确的是(　　)。

A.对因治疗比对症治疗重要,要首先对患者进行对因治疗

B.补充治疗属于对因治疗

C.替代治疗属于对因治疗

D.抗菌药杀灭病原微生物属于对因治疗

E.利尿药消除水肿属于对因治疗

2.哮喘患者伴有肺部感染使用青霉素静脉注射和沙丁胺醇吸入给药是属于(　　)。

A.对因治疗　　B.对症治疗　　C.全身治疗　　D.局部治疗　　E.预防作用

3.药物副作用的特点包括(　　)。

A.与剂量有关　　B.不可预知

C.可随用药目的与治疗作用相互转化　　D.是药物本身固有的

E.多数是可以恢复的机体功能变化

4.部分激动药(　　)。

A.具有激动和拮抗两重特性　　B.有较强亲和力

C.内在活性较小　　D.大剂量时呈现激动受体的作用

E.激动药并用时可增强激动药的部分效应

五、是非题

1.选择治疗药物时应尽量应用选择性高的药物。(　　)

2.对症治疗治标不治本,尽量避免应用。(　　)

3.药物的基本作用包括兴奋作用和抑制作用,兴奋和抑制在一定条件下可以相互转化。(　　)

4.药物剂量越大,其引起的变态反应越严重。(　　)

六、简答题

不良反应包括哪些类型?

（陈红梅）

第三章　药物代谢动力学

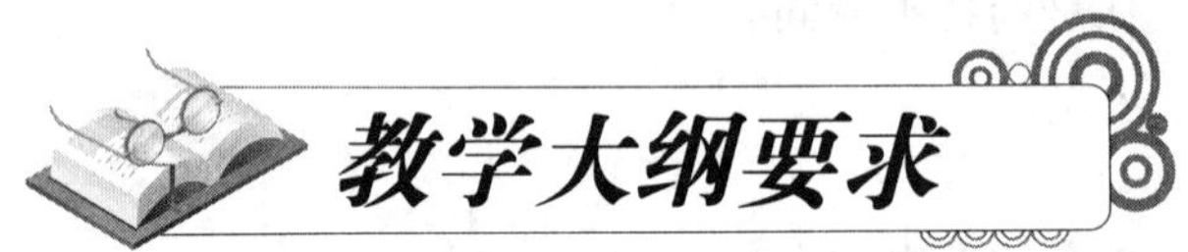

1.掌握药物体内过程的主要环节及其影响因素。

2.了解药物的转运。

药物代谢动力学是研究药物在体内变化规律的一门学科，研究内容包括药物的体内过程、药物在体内随时间变化的速率过程。

一、药物的转运

是指药物在体内通过各种生物膜的过程。可分为被动转运和主动转运两类，多数药物是经被动转运的。

（一）被动转运

1.概念　是指药物依赖膜两侧的浓度差，从高浓度一侧向低浓度一侧的跨膜转运。其特点是不消耗能量。

2.类型　包括简单扩散、滤过和易化扩散三种。其中大多数药物的转运形式是简单扩散。简单扩散过程中，分子量小、脂溶性高、极性小、解离度小的药物容易透过细胞膜。弱酸性药物在酸性体液中解离少，易于通过细胞膜，在碱性体液中解离少，难以通过细胞膜；弱碱性药物则相反。

（二）主动转运

1.概念　是指药物依赖生物膜上的特异性载体，从低浓度一侧向高浓度一侧的跨膜转运。

2.特点

（1）需要载体，载体对药物有选择性。

（2）需要消耗能量。

（3）受载体转运能力的限制，当载体转运能力达到最大时有饱和现象。

（4）不同药物同时被同一载体转运时，存在竞争性抑制。

（5）当膜一侧的药物转运完毕后转运即停止。

二、药物的体内过程

药物的体内过程包括吸收、分布、生物转化(代谢)、排泄。

(一) 吸收

1.概念　药物从给药部位进入血液循环的过程称为吸收。

2.影响吸收的因素　与给药途径有关。

(1)口服给药

① 药物崩解度:崩解快的药物易于吸收。

② 胃肠液 pH:pH 高有利于弱碱性药物吸收,pH 低有利于弱酸性药物吸收。

③ 胃排空速度:加快胃排空可使药物较快进入小肠,加快药物的吸收。

④ 食物与药物同时服用,可降低药物的吸收程度和速度。

⑤ 首过消除:口服给药,药物吸收过程中,被胃肠和肝细胞代谢酶部分灭活,使进入体循环的药量减少称首过消除,又称首过效应。

(2)舌下给药:适宜用量小、脂溶性高的药物。

(3)直肠给药:适用于对胃刺激性强的药物或不能口服药物的患者。

(4)肌内注射:水溶性高的药物易于吸收,而混悬液吸收慢而持久;注射部位血流丰富,药物吸收快。

(5)静脉注射:无吸收过程。

(二) 分布

1.概念　是指药物吸收后从血液循环到达组织器官的过程。

2.影响分布的因素

(1)药物与血浆蛋白结合:与血浆蛋白结合的药物称结合型药物;未与血浆蛋白结合的药物称游离型药物。

特点:

① 结合是可逆的,结合与游离是一个动态平衡过程。

② 结合型药物因分子量大,不能跨膜转运,暂时失去药理活性,导致药物作用减弱。

③ 药物与血浆蛋白结合具有饱和性。

④ 同时应用两种能与血浆蛋白结合的药物,可发生竞争置换现象。

(2)体液 pH:弱酸性药物在细胞外液中易解离,不易进入细胞内液,弱碱性药物则相反。

(3)器官血流量:血流丰富的器官药物分布快而多。

(4)药物与组织的亲和力

(5)体内屏障

① 血-脑屏障:大分子、解离型、结合型和非脂溶性药物不易透过血-脑屏障。但脑部炎症能增加血-脑屏障的通透性。

② 胎盘屏障:母体内所有药物都能不同程度地通过胎盘屏障。

（三）代谢

1.概念 是指进入机体的药物在药酶作用下所发生的化学结构变化。药物代谢的主要器官是肝脏。多数药物经过代谢后失去药理活性，称为灭活；少数药物只有经过代谢后才具有药理活性，称为活化。

2.药物代谢的方式 即药物在酶的作用下发生氧化、还原或水解反应和结合反应。

3.药物代谢酶 又称肝药酶。

4.影响药酶的因素

（1）药酶诱导剂：是指能使肝药酶的量增多及活性增高的药物，如苯巴比妥、苯妥英钠、利福平等。

（2）药酶抑制剂：是指能使肝药酶的量减少及活性降低的药物，如氯霉素、异烟肼、保泰松等。

（3）其他因素：遗传因素、生理因素（年龄、性别、妊娠）、环境因素、病理因素等。

（四）排泄

是指药物及其代谢产物经排泄或分泌器官排出体外的过程。药物排泄的主要器官是肾，胆、乳腺、唾液腺、肠、肺和汗腺也有排泄药物的功能。

三、药物消除动力学

药物消除包括代谢和排泄。药物消除动力学可分为两类。

1.一级消除动力学 又称恒比消除，是指单位时间内体内药物浓度按恒定比例转运和转化。由于单位时间内消除的药物量与血浆药物浓度成正比，血药浓度高，单位时间内消除的药量多；血药浓度低，单位时间内消除的药量少。绝大多数药物在体内按一级速率转运。

2.零级消除动力学 又称恒理消除，是指单位时间内体内药物浓度按恒定的量转运和转化。不论血浆药物浓度高低，单位时间内消除的药物量不变。

3.半衰期

（1）概念：是指血浆药物浓度下降一半所需的时间。

（2）意义

① 反映机体消除药物的能力。

② 是确定给药间隔时间的主要依据之一。通常给药间隔时间约为一个半衰期。

③ 预测达到稳态血药浓度的时间和体内药物基本消除的时间。

按恒比消除的药物，每隔一个半衰期给予恒量药物，经过4~5个半衰期体内药物可达稳态血药浓度；按恒比消除的药物，给药一次后，经过5个半衰期药物基本消除。

④ 药物分类依据。

4.血药稳态浓度

（1）概念：又称坪值，药物在连续恒速或分次恒量给药过程中，血药浓度会逐渐增高，当药物吸收速度等于消除速度时，血药浓度维持在一个基本稳定的水平。

（2）意义

① 稳态浓度的高低取决于恒量给药时连续给药的剂量。

② 当单位时间内给药总量不变时，改变给药间隔时间影响血药浓度波动幅度。

③ 为了尽快到达稳态血药浓度，可以负荷量给药。每隔一个半衰期给药一次时，可采用首次加倍；当静脉滴注时，可将第一个半衰期内静脉滴注量的 1.44 倍在静脉滴注开始时静脉注射。

习题

一、名词解释

1.药物代谢动力学

2.药物的转运

3.吸收

4.首过消除

5.分布

6.结合型药物

7.游离型药物

8.药酶诱导药

9.排泄

10.肝肠循环

11.一级消除动力学

12.半衰期

13.稳态浓度

二、填空

1.药物的体内过程包括______、______、______和______。其中______、_______和_______是转运过程；______是转化过程。而药物消除过程包括______和______。

2.药物的转运可分为_____和_____两类。多数药物是经_____转运的。

3.弱酸性药物在酸性环境中，解离______，_____通过细胞膜。

4.药物生物转化的主要器官是_____；药物排泄的主要器官是_____。

5.经胆汁排泄的药物被排入肠道后可被重吸收，形成______，使药物的作用时间_____。

6.药物消除动力学可分为_____和_____两类，绝大多数药物在体内按_____消除。

7.按恒比消除的药物，每隔一个半衰期给予恒量药物，经过_____个半衰期体内药物可达稳态血药浓度；给药一次后，经过_____个半衰期药物基本消除。

8. 血药稳态浓度是指当药物______速度等于______速度时，血药浓度维持在一个基本稳定的水平。

9.为了尽快到达稳态血药浓度，可以负荷量给药。每隔一个半衰期给药一次时，可采用_____。

三、单选题

1.细胞膜对大多数药物的转运方式是(　　)。

A.被动转运　B.滤过　C.易化扩散　D.主动转运　E.上山转运

2.弱酸性药物阿司匹林和弱碱性药物苯巴比妥在胃中的吸收情况是(　　)。

A.均不吸收　B.均完全吸收　C.吸收速度相同

D.前者大于后者　E.后者大于前者

3.患者服用某药物后出现中毒,在抢救过程中发现当酸化尿液时,中毒药物经尿排出量下降,碱化尿液时则相反,该药物是(　　)。

A.弱碱性　B.弱酸性　C.解离型　D.非解离型　E.高分子量

4.弱酸性药物在碱性尿液中(　　)。

A.解离多,在肾小管重吸收多,排泄慢　B.解离少,在肾小管重吸收多,排泄慢

C.解离多,在肾小管重吸收少,排泄快　D.解离少,在肾小管重吸收少,排泄快

E.解离多,在肾小管重吸收多,排泄快

5.乳汁偏酸性,易从血液扩散到乳汁的药物是(　　)。

A.弱碱性药物　B.弱酸性药物　C.中性药物　D.所有药物　E.小分子药物

6.吸收是指药物(　　)。

A.进入胃肠道的过程　B.进入靶器官的过程　C.进入细胞内的过程

D.进入血液循环的过程　E.进入给药部位的过程

7.哪种给药途径有首过消除(　　)。

A.口服　B.静脉注射　C.肌内注射　D.吸入　E.经皮

8.以下给药途径中,一般情况下吸收速度最快的是(　　)。

A.吸入　B.口服　C.肌内注射　D.皮下注射　E.头皮给药

9.药物与血浆蛋白的结合(　　)。

A.是可逆的　B.促进药物排泄

C.是永久性的　D.使药物作用增强

E.促进药物分布

10.药物与血浆蛋白结合后,表现为(　　)。

A.毒性增加　B.分布排泄受阻　C.药理活性增强

D.消除时间缩短　E.吸收速度减慢

11.难于通过血-脑屏障的药物是(　　)。

A.所有药物

B.小分子、非解离型、结合型和脂溶性药物

C.大分子、解离型、游离型和脂溶性药物

D.大分子、非解离型、结合型和非脂溶性药物

E.大分子、解离型、结合型和非脂溶性药物

12.肝药酶的特征是(　　)。

A.专一性高,活性有限　B.专一性低,活性固定　C.专一性低,个体差异小

D.可被药物诱导或抑制　E.并非药物代谢的主要酶系

13.药酶诱导剂对合用药物代谢的影响是(　　)。

A.血药浓度升高　B.代谢加快　C.药物在体内停留时间延长

D.毒性增大　E.灭活加快

14.药物的给药途径主要影响(　　)。

A.吸收过程　B.分布过程　C.代谢过程　D.排泄过程　E.药物效应

15.影响药物从体内排泄的因素不包括(　　)。

A.药物的脂溶性　B.药物的极性　C.药物剂量

D.尿液 pH　E.药物的分子量

16.药物以一级动力学消除,就说明(　　)。

A.药物消除量恒定

B.单位时间内消除的药物量与血浆药物浓度成正比

C.消除半衰期不定

D.为非线性动力学

E.药物中毒

17.如果某药在体内按一级动力学消除,这就表明(　　)。

A.给药后主要在肝脏代谢

B.消除半衰期是固定值,与血药浓度高低无关

C.药物在体内有蓄积

D.给药剂量过大

E.消除速率与药物吸收速度相同

18.某药半衰期为 6 小时,一天用药 4 次,则其达到稳态血药浓度的时间是(　　)。

A.0.5 天　B.1~2 天　C.3~4 天

D.5 天　E.1 周左右

19.下列关于半衰期的描述错误的是(　　)。

A.血药浓度下降一半的时间　B.血药浓度下降一半的量

C.可作为确定给药方案的依据　D.可作为药物分类的依据

E.反映机体消除药物的能力

20.半衰期长短与(　　)有关。

A.用药剂量　B.血药浓度　C.体内药物消除速度

D.给药途径　E.用药时间

21.药物吸收到达稳态血药浓度时意味着(　　)。

A.药物作用最强　B.药物的消除过程已经开始

C.药物的吸收过程已经开始　D.药物的吸收速度与消除速度达到平衡

E.药物在体内的分布达到平衡

四、多选题

1.影响药物分布的因素有(　　)。

A.体液 pH　B.器官血流量　C.药物与组织的亲和力

D.药物与血浆蛋白结合　E.体内屏障 2.药物在体内消除的动力学方式有(　　)。

A.一级消除动力学　B.二级消除动力学　C.零级消除动力学

D.肝脏代谢肾脏排泄　E.肝脏代谢胆汁排泄

3.消除半衰期对临床用药的意义包括(　　)。

A.可确定给药剂量
B.可确定给药间隔时间
C.可预计药物在体内消除的时间
D.可预计达到稳态血药浓度的时间
E.反映机体消除药物的能力

五、是非题

1.药物经代谢后失去药理活性,因此代谢能力下降会引起药物毒性反应。（ ）

2.弱酸性药物中毒时,碱化尿液有利于药物中毒的解救。（ ）

3.生物利用度是衡量药物制剂质量的一个重要指标。（ ）

4.弱碱性药物在细胞外液中易解离,不易进入细胞内。（ ）

5.一些药物不易通过胎盘屏障,因此可以保障胎儿免受药物影响。（ ）

六、简答题

1.何谓分布？影响药物分布的因素有哪些？

2.何谓半衰期？简述半衰期的临床意义。

（王　君）

第四章　影响药物作用的因素和合理用药原则

1.掌握药物协同作用、药物拮抗作用、耐受性、耐药性的概念。

2.熟悉影响药物作用的因素和合理用药原则。

一、影响药物作用的因素

(一)机体方面因素

1.年龄

(1)儿童:新生儿血脑-屏障及肝对药物的代谢功能不完善,自身调节能力低,且对一些药物反应较敏感。14岁以下应使用儿童剂量。

(2)老年:老年人各器官功能逐渐低下,血浆蛋白减少,对药物代谢、排泄能力较差,药物半衰期延长,且对许多药物反应敏感。60岁以上使用老年人剂量。

2.性别　女性月经期避免使用泻药;妊娠期禁用致畸胎、致流产的药物;分娩期慎用抑制子宫平滑肌收缩的药物,禁用易通过胎盘屏障进入胎儿体内抑制新生儿呼吸的药物;哺乳期应避免引起哺乳儿不良反应的药物。

3.体重　科学的给药剂量应以体表面积为计算依据,既要考虑体重因素又要考虑体型因素。

4.遗传因素　遗传因素对药物作用的影响主要表现在种族差异和个体差异。个体差异主要表现为:

(1)低敏性:是指有些个体使用高于常用量的剂量方能出现药物效应。

(2)高敏性:是指有些个体对药物的反应非常敏感,所需药物剂量常低于常用量。

(3)特异质:是指某些个体用药后出现于常人不同的反应,其主要原因与某些基因缺失有关。

5.疾病因素　疾病改变机体的功能状态,影响机体对药物的反应。

6.心理因素　安慰剂是不具有药理活性,外观形似药品的制剂,可用于许多慢性疾病(心绞痛、神经官能症、疼痛)等患者。

(二)药物方面因素

1.药物剂型　同一药物的不同剂型,采用的给药途径不同,其生物利用度往往不同。

2.给药途径 是影响药物吸收速度和程度的重要因素，有时会改变药物的作用性质。

3.给药时间 给药时间不同可影响药物作用。

4.联合用药 联合用药时，若药物效应增强称协同作用；若药物效应减弱或消失称拮抗作用。

联合用药的相互作用主要发生在3个方面：

(1)药动学方面的相互作用

① 影响药物的吸收：四环素类药物与钙、镁、铁、铝等离子结合互相影响吸收；促进胃排空的药物能加速药物在肠道的吸收；抑制胃排空的药能延缓药物在肠道的吸收；导泻药可降低肠道中药物的吸收；一些能改变胃肠道pH的药物，可改变另一药物在胃肠道的解离程度而影响其吸收。

② 影响药物的分布：联合用药时药物之间可竞争性地与血浆蛋白结合。

③ 影响药物生物转化：有些药物可诱导或抑制药酶的活性，而加速或减少合用药物的代谢。

④ 影响药物的排泄：药物在肾小管分泌可发生竞争性抑制。

(2)药效学方面的相互作用

① 在生理水平的作用。

② 在神经递质代谢方面的作用。

③ 在受体水平的作用。

④ 在化学结合方面的作用。

(3)药物配伍变化：是指药物在体外配制时，药物与药物、药物与辅料或溶媒发生化学或物理反应，可产生沉淀、混浊、气泡、有毒物质等，使疗效降低或毒性增加。

5.反复用药 可出现耐受性、耐药性、变态反应和依赖性。

(1)耐受性：是指在多次连续用药后，药物作用逐渐减弱，需增加剂量才能保持原有药效。在短时间内应用几次后产生的耐受性称快速耐受性。

(2)耐药性：又称抗药性，是指病原体或肿瘤细胞对化疗药物的敏感性降低。

(三) 环境方面的因素

1.时间因素 指机体内生物节律变化对药物作用的影响。

2.生活习惯和环境

二、合理用药原则

(一) 概念

合理用药是指临床用药物治疗疾病时，根据患者的具体情况正确选择药物类别、药物种类、药物剂型和药物配伍。

(二) 合理用药原则

1.明确诊断。

2.严格掌握药物的适应证和禁忌证。

3.根据药物的特性选择剂型和给药途径。

4.根据病情和疗法确定用药剂量和疗程。

5.科学的药物配伍。

一、名词解释

1.药物协同作用

2.药物拮抗作用

3.耐受性

4.耐药性

5.合理用药

6.安慰剂

7.快速耐受性

8.配伍禁忌

二、填空

1.影响药物药物作用的机体因素包括_____、_____、_____、_____、_____和_____。

2.个体差异主要表现为_____、_____和_____。

3.反复用药后机体(或病原体)对药物的反应发生改变,可出现_____、_____、_____和_____。

4.合理用药指临床用药物治疗疾病时,根据______的具体情况正确选择______、______、______和______。

5.联合用药的结果可能是药物效应增强,称为__________;也可能是药物效应减弱或消失,称为__________。

6.女性患者用药时在_____期、_____期、_____期和_____期要特别注意。

7.科学的给药剂量应以体表面积为计算依据,既要考虑_____因素又要考虑_____因素。

8.给药途径是影响药物_____和_____的重要因素,有时会改变药物的_____。

三、单选题

1.连续用药后机体对药物的反应性降低,称为(　　)。

A.耐药性　B.耐受性　C.抗药性　D.特异质反应　E.依赖性

2.安慰剂是一种(　　)。

A.阳性对照药

B.口服制剂

C.可以增加疗效的药物

D.使患者在精神上得到鼓励和安慰的药物

E.具有镇静作用的药物

3.用药后出现特异质反应的主要原因是(　　)。

A.机体某些基因缺失　B.机体发生过敏反应　C.药物变质

D.药物剂量过大　E.药物相互作用

4.影响药物效应的因素是(　　)。

A.给药时间　B.遗传因素　C.年龄和性别　D.病理状态　E.以上都是

5.引起药物个体差异的常见原因之一是(　　)。

A.药物的化学结构　B.药物本身的效价　C.药物本身的效能

D.药物的分子量大小　E.患者的药酶活性的高低

6.应用具有氧化作用的药物,引起急性溶血性贫血,是由于缺乏(　　)。

A.胆碱酯酶

B.葡萄糖-6-磷酸脱氢酶

C.单胺氧化酶

D.儿茶酚胺氧位甲基转移酶

E.肝药酶

7.对同一药物来讲,下列描述中错误的是(　　)。

A.在一定范围内剂量越大,作用越强

B.对不同个体,用量相同,作用不一定相同

C.小儿应用时,需使用药典规定的儿童剂量

D.用于妇女时,效应可能与男人有别

E.成人应用时,年龄越大,用量应越大

8.麻黄碱短期内用药数次后效应降低,称为(　　)。

A.习惯性　B.成瘾性　C.快速耐受性　D.抗药性　E.耐药性

9.低敏性是(　　)。

A.长期用药后,产生了生理上的依赖,停药后出现了戒断症状

B.是指有些个体对药物的反应非常敏感,所需药物剂量常低于常用量

C.用药一段时间后,患者对药物产生精神上的依赖,中断用药后,会出现主观上的不适

D.是指有些个体使用高于常用量的剂量方能出现药物效应

E.长期用药后,需要逐渐增加用量,才能保持药效不减

10.下列关于影响药物作用的机体因素中,说法错误的是(　　)。

A.药物的作用强度与时间节律有较大关系

B.不同性别对药物作用的性质上有重要的差别

C.年龄对药物作用的影响主要表现在儿童和老年人

D.在不同病理状态下,药物的作用可以表现不同

E.个体差异会影响药物代谢动力学或药物效应动力学

四、多选题

1.关于儿童用药方面,正确的是(　　)。

A.新生儿肝脏对药物的代谢功能不完善

B.对一些药物反应敏感

C.新生儿血脑-屏障不完善

D.12 岁以下需使用儿童剂量

E.药物代谢速度快

2.药物在药效学方面的相互作用包括(　　)。

A.生理性协同　　B.干扰神经末梢递质代谢　　C.受体水平拮抗

D.化学结合反应　　E.相互影响排泄

3.药物影响其作用的本身因素有(　　)。

A.药物的剂型　　B.药物的剂量　　C.药物的生物利用度

D.药物的给药途径　　E.药物是否已过有效期

4.反复用药后机体对药物的反应发生改变,包括(　　)。

A.耐药性　　B.耐受性　　C.快速耐受性　　D.变态反应　　E.依赖性

五、是非题

1.同一药物的不同剂型,生物利用度是相同的。(　　)

2.药物在代谢环节产生相互作用,多是通过抑制或诱导药酶活性引起的。(　　)

3.低蛋白血症的患者用药时药物的药效和毒性易减弱。(　　)

4.餐前服药可减轻药物对胃肠道的刺激,餐后服药吸收好。(　　)

5.导泻药可降低肠道中药物的吸收。(　　)

6.耐受性在反复长期用药时出现,不会在短时间应以几次后出现。(　　)

7.恶性肿瘤化疗过程中出现的化疗药无效的现象是因为发生了耐受性。(　　)

六、简答题

1.举例说明给药时间不同可影响药物作用。

2.合理用药的原则有哪些?

(胡　琪)

第五章　传出神经系统药理概论

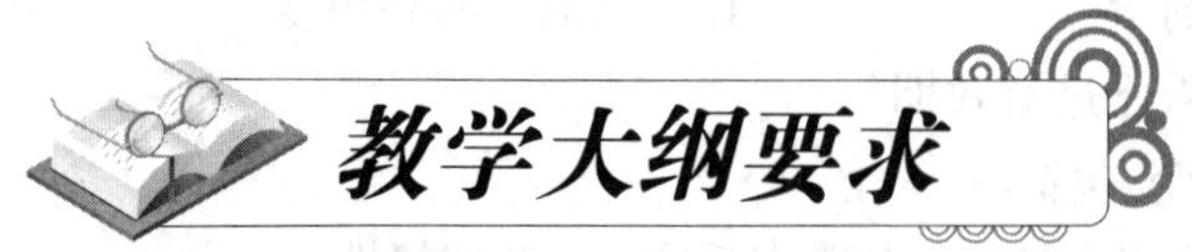

1.掌握受体的分类。

2.掌握各型受体激动时的生理效应。

3.熟悉传出神经系统药物的作用方式及分类。

4.了解乙酰胆碱和去甲肾上腺素的生物合成、贮存、释放和代谢。

一、传出神经的分类

(一) 按解剖学分类

1.自主(植物)神经　分为交感神经和副交感神经。

2.运动神经

(二) 按递质分类

1.胆碱能神经　包括全部交感神经和副交感神经的节前纤维、运动神经,全部副交感神经的节后纤维,极少数交感神经的节后纤维。

2.去甲肾上腺素能神经　包括大部分交感神经的节后纤维。

二、传出神经系统的递质

主要是乙酰胆碱和去甲肾上腺素。

三、传出神经系统的受体

(一) 受体的分类及分布

1.胆碱受体　能选择性与乙酰胆碱结合的受体。可分为:

(1)毒蕈碱型胆碱受体(M胆碱受体)。

(2)烟碱型胆碱受体(N胆碱受体):分为神经节N受体(N_1受体)和神经肌肉接头N受体(N_2受体)。

2.肾上腺素受体　能与去甲肾上腺素和肾上腺素结合的受体。可分为:

（1）α肾上腺素受体：分为α_1和α_2两种亚型。α_1受体主要分布于突触后膜上；α_2受体主要分布于突触前膜上。

（2）β肾上腺素受体：分为β_1、β_2和β_3三种亚型。β_1受体主要分布于心脏、肾小球旁细胞；β_2受体主要分布于支气管平滑肌、骨骼肌血管等；β_3受体主要分布于脂肪组织。

（二）受体的效应

M胆碱受体激动的效应：心脏抑制、胃肠道与支气管等内脏兴奋、瞳孔开大肌收缩（缩瞳）、睫状肌收缩、腺体分泌增加等。

N_1胆碱受体激动的效应：自主神经节兴奋。

N_2胆碱受体激动的效应：骨骼肌收缩。

α_1肾上腺素受体激动的效应：皮肤、黏膜、内脏血管收缩、瞳孔开大肌收缩（扩瞳）等。

β_1肾上腺素受体激动的效应：心率加快、心脏传导加速、收缩增强，肾小球旁细胞分泌肾素。

β_2肾上腺素受体激动的效应：骨骼肌血管、冠脉舒张，支气管舒张等。

β_3肾上腺素受体激动的效应：脂肪分解。

四、传出神经系统药物的作用方式

1.直接作用于受体

（1）结合后能激动受体，产生的效应与神经末梢释放的递质效应相似，称为受体激动药；

（2）结合后不能激动受体，并妨碍递质与受体结合，产生与递质相反的作用，称为受体阻断药。

2. 影响递质

一、填空

1.传出神经系统的递质主要包括_____和_____，因此传出神经按递质可分为_____和_____。大部分交感神经节后纤维属于_____类传出神经。

2.能选择性与Ach结合的受体是_____，该大类受体又可以分为_____和_____两类；能选择性与NA和肾上腺素结合的受体是_____，该大类受体又可以分为_____和_____两类。

3.β_1受体主要分布于_____、_____；β_2受体主要分布于_____、_____等部位；β_3受体主要分布于_____。

4.N_2受体激动主要引起______效应。

5.乙酰胆碱灭活所依赖的酶是______；去甲肾上腺素能神经末梢破坏去甲肾上腺素的酶主要是_____和_____。

6.根据烟碱型胆碱受体的分布部位不同可以分为_____和_____两种亚型。

7.胃肠平滑肌上分布的胆碱受体是_____；骨骼肌运动终板的胆碱受体是_____。

8.瞳孔括约肌上的胆碱受体是_____；瞳孔开大肌上的肾上腺素受体是_____。

二、单选题

1.N1 胆碱受体兴奋主要引起(　　)。

A.心脏抑制　　B.神经节兴奋　　C.骨骼肌收缩

D.支气管平滑肌收缩　　E.支气管扩张

2.胆碱能神经不包括(　　)。

A.全部副交感神经节前纤维　　B.运动神经

C.全部交感神经节前纤维　　D.绝大部分交感神经节后纤维

E.少部分支配汗腺的交感神经节后纤维

3.乙酰胆碱作用的主要消除方式是(　　)。

A.被胆碱酯酶水解　　B.被磷酸二酯酶水解　　C.被单胺氧化酶水解

D.被氧位甲基转移酶水解　　E.被神经末梢再摄取

4.去甲肾上腺素释放至突触间隙,其作用消失主要原因是(　　)。

A.单胺氧化酶代谢　　B.肾排出　　C.神经末梢再摄取

D.乙酰胆碱酯酶代谢　　E.儿茶酚氧位甲基转移酶代谢

5.胆碱能神经合成与释放的递质是(　　)。

A.琥珀胆碱　　B.氨甲胆碱　　C.烟碱　　D.胆碱　　E.乙酰胆碱

6.以下属β_1肾上腺素受体激动的效应是(　　)。

A.心脏兴奋　　B.骨骼肌兴奋　　C.胃肠道排空加快

D.支气管舒张　　E.瞳孔收缩

7.下列哪一器官组织无β_2受体分布(　　)。

A.胃肠道平滑肌　　B.冠状动脉　　C.瞳孔括约肌

D.骨骼肌血管　　E.支气管

8.皮肤黏膜和内脏血管的受体是(　　)。

A.α受体　　B.β_1受体　　C.M 受体　　D.N 受体　　E.β_2受体

9.骨骼肌血管上有(　　)。

A.α受体、β受体,无 M 胆碱受体　　B.M 胆碱受体和β受体

C.α受体,无β受体、M 胆碱受体　　D.M 胆碱受体,无β受体

E.β受体,无α受体、M 胆碱受体

10.以下参与脂肪代谢的受体是(　　)。

A.α受体　　B.β_1受体　　C.β_2受体　　D.β_3受体　　E.M 受体

三、多选题

1.M 胆碱受体激动的效应有(　　)。

A.胃肠道兴奋　　B.瞳孔缩小　　C.腺体分泌增加

D.心脏抑制　　E.支气管痉挛

2.α_1肾上腺素受体激动的效应有(　　)。

A.脂肪分解　　B.心脏抑制

C.瞳孔扩大　　D.皮肤、黏膜、内脏血管收缩

E.支气管痉挛

3.β_2肾上腺素受体激动的效应有(　　)。

A.骨骼肌血管舒张　　B.冠脉舒张　　C.血糖升高

D.心脏抑制　　E.支气管痉挛

四、是非题

1.副交感神经的递质都是乙酰胆碱。　　(　　)

2.肾上腺素受体中α_1受体和β_2受体都分布于血管,激动时的效应都呈现血管收缩。　　(　　)

五、简答题

1.传出神经系统各型受体激动时主要产生哪些效应?

2.Ach 和 NA 在神经末梢的消除有何不同?

(陈　萌)

第六章　胆碱受体激动药和胆碱酯酶抑制药

1.掌握毛果芸香碱和新斯的明的药理作用、临床应用及不良反应。

2.掌握有机磷酸酯类中毒的机制、中毒表现。

一、M胆碱受体激动剂

毛果芸香碱

1.药理作用　对眼睛和腺体作用最明显，对心血管系统影响小。对眼睛的作用：

(1)缩瞳：激动瞳孔括约肌上的M受体。

(2)降低眼压：通过缩瞳作用使虹膜向中心拉动，虹膜根部变薄，使前房角间隙变宽，房水易于流出，使眼压下降。

(3)调节痉挛：激动睫状肌上的M受体，使睫状肌向瞳孔中心方向收缩，悬韧带松弛，晶状体由于本身弹性变凸，屈光度增加，导致视近物清楚、视远物模糊。

2.临床应用

(1)青光眼：主要用于闭角型青光眼的治疗，对开角型青光眼早期有一定疗效。

(2)虹膜炎：与扩瞳药交替使用，以防止虹膜与晶状体粘连。

(3)其他：如用于放疗后口腔干燥及抗胆碱药物中毒的解救。

3.不良反应　滴眼时应压迫内眦以避免药物的全身反应。

二、胆碱酯酶抑制药

(一)易逆性胆碱酯酶抑制药

新斯的明

1.药理作用　抑制胆碱酯酶活性，减少乙酰胆碱水解。

(1)M样作用：①兴奋胃肠道、膀胱平滑肌；②减慢心率；③对抗阿托品中毒引起的外周症状。

(2)N样作用：对骨骼肌有强大兴奋作用，机制为①抑制胆碱酯酶，减少乙酰胆碱水解；②促进运动神经末梢释放乙酰胆碱；③直接兴奋骨骼肌运动终板上的N_2受体。

2.临床应用

(1)重症肌无力(首选)。

(2)对抗非除极化型肌松药作用。

(3)手术后腹气胀和尿潴留。

(4)阵发性室上性心动过速。

(5)青光眼。

3.不良反应 过量导致胆碱能神经过度兴奋,引起恶心、呕吐、腹泻、流涎、心动过缓等 M 样症状和骨骼肌震颤等 N 样症状。

毒扁豆碱

全身应用不良反应多,目前临床主要局部用药治疗青光眼。

(二)难逆性胆碱酯酶抑制药

有机磷酸酯类

1.中毒机制 与胆碱酯酶结合形成难以水解的磷酰化胆碱酯酶,使胆碱酯酶失活,乙酰胆碱蓄积,引起胆碱能神经系统功能亢进。如不及时抢救使胆碱酯酶复活,则磷酰化胆碱酯酶生成更加稳定的单烷基或单烷基磷酰化胆碱酯酶,此时即使使用胆碱酯酶复活药亦不能恢复其活性,这种现象称为酶的老化。

2.中毒表现

(1)急性中毒:轻度中毒以 M 样症状为主;中度中毒同时出现 M 样和 N 样症状;严重中毒除 M 样和 N 样症状外,同时出现显著中枢神经系统症状。

①M 样症状:恶心、呕吐、腹痛、腹泻、大小便失禁、瞳孔缩小、视物模糊、心动过缓、血压下降、出汗、流涕、呼吸道分泌物增加、肺部湿啰音、呼吸困难、发绀等;

②N 样症状:N_2受体激动引起肌肉震颤,N_1受体激动引起心动过速、血压升高。

③中枢症状:先兴奋后抑制。

(2)慢性中毒:症状不典型,类似于神经衰弱综合征。

(3)迟发性神经损害:进行性上肢或下肢麻痹。

3.中毒的解救 特异性解毒药包括 M 受体阻断药和胆碱酯酶复活药两类。

(1)M 受体阻断药(阿托品):迅速解除 M 样症状、消除部分中枢症状。应用原则为早期、足量、反复给药,直至阿托品化后再减量维持。

(2)胆碱酯酶复活药(氯解磷定、碘解磷定):氯解磷定为首选,通过①与磷酰化胆碱酯酶结合成复合物,复合物再裂解成磷酰化氯解磷定,使胆碱酯酶游离,恢复活性;②与体内游离的有机磷酸酯类直接结合,形成无毒的磷酰化氯解磷定经肾排泄,阻止中毒进一步加深。能减轻 N 样症状和中枢症状,但对 M 样症状影响较小,应与阿托品合用。

一、名词解释

酶的老化

二、填空

1.毛果芸香碱药理作用的特点是对_____和_____作用最明显，对_____影响小。毛果芸香碱对眼睛会发挥______、______和______三方面作用，在眼科用于______和______的治疗。滴眼时应压迫______以避免药物的全身反应。

2.毛果芸香碱激动_____上的_____受体，使_____向瞳孔中心方向收缩，悬韧带_____，_____由于本身弹性变_____，屈光度增加，导致视_____清楚、视_____模糊。

3.新斯的明的作用机制是抑制_____活性，减少_____水解。新斯的明对_____有最强大的兴奋作用，机制为_____、_____和_____，因此是_____的首选药。

4.毒扁豆碱的作用机制是_____，临床主要用于_____的治疗。

5.严重有机磷酸酯类中毒会引起_____、_____和_____症状，其特异性解毒药包括______和______两类。其中______应用原则为早期、______、______给药，直至______后再减量维持；______需要在老化现象发生之前应用。

三、单选题

1.关于毛果芸香碱的叙述，以下错误的是(　　)。

A.能直接激动M受体，产生M样作用　B.可使汗腺和唾液腺的分泌显著增加
C.可使眼内压升高　D.可用于治疗青光眼
E.常用制剂为滴眼液

2.毛果芸香碱对眼的作用表现为(　　)。

A.缩瞳，降低眼内压，调节痉挛　B.缩瞳，升高眼内压，调节痉挛
C.缩瞳，降低眼内压，调节麻痹　D.扩瞳，降低眼内压，调节麻痹
E.扩瞳，升高眼内压，调节麻痹

3.直接激动M受体的药物是(　　)。

A.吡斯的明　B.新斯的明　C.毒扁豆碱　D.加兰他敏　E.毛果芸香碱

4.毛果芸香碱滴眼后对视力的影响是(　　)。

A.视近物、远物均模糊　B.视近物清楚、使远物模糊　C.视远物清楚、使近物模糊
D.不影响视力　E.恢复视力

5.毛果芸香碱影响瞳孔直径大小的机制是(　　)。

A.阻断瞳孔开大肌α受体，使其松弛　B.阻断瞳孔括约肌M受体，使其收缩
C.激动瞳孔开大肌α受体，使其收缩　D.激动瞳孔括约肌M受体，使其收缩
E.激动瞳孔开大肌M受体，使其松弛

6.毛果芸香碱影响眼内压的机制是(　　)。

A.减少睫状上皮细胞对房水的分泌　　B.减少眼内血管房水的分泌

C.扩大前房角间隙,增加房水流出　　D.缩小前房角间隙,增加房水流出

E.脱水作用

7.毛果芸香碱用于虹膜炎的目的是(　　)。

A.消炎　　B.促进虹膜损伤的修复

C.抗感染　　D.防止虹膜与晶状体的粘连

E.防止角膜穿孔

8.重症肌无力的首选药是(　　)。

A.毛果芸香碱　B.吡斯的明　C.乙酰胆碱　D.氯解磷定　E.新斯的明

9.易逆性胆碱酯酶抑制药是(　　)。

A.碘解磷定　B.新斯的明　C.有机磷酸酯类

D.琥珀胆碱　E.卡巴胆碱

10.下列用于青光眼治疗的胆碱酯酶抑制药是(　　)。

A.吡斯的明　B.新斯的明　C.毒扁豆碱　D.加兰他敏　E.有机磷酸酯类

11.某患者应用肌松药筒箭毒碱过量中毒,解救药物是(　　)。

A.乙酰胆碱　B.毛果芸香碱　C.新斯的明　D.吡斯的明　E.氯解磷定

12.下列对碘解磷定的叙述错误的是(　　)。

A.能恢复 AchE,水解 Ach

B.能直接对抗体内积聚的乙酰胆碱

C.能阻止游离的有机磷酸酯类继续与 AchE 结合

D.能迅速控制肌束颤动

E.对 M 样症状影响较小

四、多选题

1.新斯的明的临床应用包括(　　)。

A.手术后腹气胀和尿潴留　　B.对抗非除极化型肌松药作用

C.阵发性室上性心动过速　　D.青光眼

E.重症肌无力

2.以下哪些药物可用于青光眼的治疗(　　)。

A.毛果芸香碱　B.吡斯的明　C.乙酰胆碱　D.毒扁豆碱　E.新斯的明

3.以下哪些药物可用于重症肌无力的治疗(　　)。

A.新斯的明　B.吡斯的明　C.毛果芸香碱　D.毒扁豆碱　E.氯解磷定

4.新斯的明对骨骼肌的作用明显是因为(　　)。

A.促进骨骼肌细胞钙离子内流　　B.抑制胆碱酯酶

C.促进运动神经末梢释放乙酰胆碱　　D.直接兴奋 N_2 受体

E.直接兴奋 N_1 受体

5.阿托品用于有机磷酸酯类中毒的解救,可改善下列哪些症状(　　)。

A.流涎　B.心脏抑制　C.呼吸困难　D.肌肉震颤　E.腹痛

五、是非题

1.毛果芸香碱对各类型的青光眼疗效均理想。 (　　)

2.有机磷酸酯类是胆碱酯酶抑制剂，因此胆碱酯酶复活药能有效缓解有机磷酸酯类中毒的全部症状。 (　　)

六、简答题

1.简述毛果芸香碱的药理作用、临床应用及用药注意事项。

2.简述新斯的明的药理作用和临床应用。

3.有机磷酸酯类中毒的机制是什么？中毒症状有哪些？

4.有机磷酸酯类中毒为何需合用阿托品和解磷定？

（刘　君）

第七章　胆碱受体阻断药

1.掌握阿托品的药理作用、临床应用、主要不良反应和禁忌证。

2.熟悉东莨菪碱、山莨菪碱的作用特点。

3.了解 N 受体阻断药的分类和临床应用。

一、M 受体阻断药

(一) 阿托品类生物碱

阿托品

1.药理作用

(1)抑制腺体分泌。

(2)对眼睛的作用:①扩瞳,②升高眼压,③调节麻痹。

(3)松弛内脏平滑肌。

(4)解除迷走神经对心脏的抑制。

(5)大剂量扩张血管。

(6)对中枢神经系统的影响:兴奋→抑制。

2.临床应用

(1)解除平滑肌痉挛。

(2)全身麻醉前给药。

(3)眼科应用:①虹膜睫状体炎,②验光,③检查眼底。

(4)缓慢型心律失常。

(5)抗感染中毒性休克。

(6)有机磷酸酯类中毒。

3.不良反应　口干、视物模糊、心悸、瞳孔扩大、皮肤潮红等。剂量过大导致中枢兴奋症状,重者发生昏迷、呼吸麻痹。

4.禁忌证　青光眼、前列腺肥大患者。

	山莨菪碱	东莨菪碱
外周作用	解除平滑肌痉挛和抑制心血管作用与阿托品相似稍弱,对眼睛和腺体作用很弱。	抑制腺体作用比阿托品强;对眼作用与阿托品相似或稍弱,对心血管系统作用较弱。
中枢作用	弱	强 与阿托品相反,为中枢抑制作用。
用途	内脏绞痛、感染性休克。	麻醉前给药、晕动症、帕金森病。

溴丙胺太林(普鲁本辛)

对胃肠道M受体选择性较高,可用于胃、十二指肠溃疡,胃肠痉挛等。

哌仑西平

抑制胃酸和胃蛋白酶的分泌,可治疗消化性溃疡。

后马托品

对眼作用时间短,适用于一般眼科检查。

二、N_2受体阻断药(骨骼肌松弛药)

可分为除极化型肌肉松弛药和非除极化型肌肉松弛药。

(一)非除极化型肌肉松弛药

1.主要特点 ①骨骼肌松弛前无肌束震颤现象;②肌松作用可被抗胆碱酯酶药拮抗;③吸入性全麻药和氨基糖苷类抗生素能增强和延长本类药物的肌松作用。

2.主要有筒箭毒碱。

(二)除极化型肌肉松弛药:琥珀胆碱

1.特点 ①肌肉松弛前可出现短时肌束震颤;②连续用药可产生快速耐受性;③经假性胆碱酯酶代谢,因此抗胆碱酯酶药不能拮抗其骨骼肌松弛作用,反能使之加强。

2.药理作用

(1)与骨骼肌运动终板上的NM受体结合,激动受体,使膜持久除极化而导致运动终板长期处于不应期,从而对乙酰胆碱没有反应。

(2)起效快、作用时间短;肌松作用从颈部肌肉开始。

3.临床应用 静脉注射可用于气管内插管、气管镜、食管镜检查的短暂操作;静脉滴注适用于较长时间的手术。

4.不良反应 窒息、肌束颤动、血钾升高。

一、填空

1.阿托品用于麻醉前给药，主要利用其_____;用于感染中毒性休克是利用其_____。

2.阿托品对眼睛的作用是_____瞳孔、_____眼内压、调节_____。

3.阿托品抑制腺体分泌以对_____和_____最为显著。

4.哌仑西平为选择性______受体阻断剂。

5.骨骼肌松弛药分为_____和_____,代表药分别是_____和_____。

6.琥珀胆碱用于较长时间手术的给药方法是______。

7.中毒引起呼吸肌麻痹后不能以新斯的明解救的骨骼肌松弛药类型是______,原因是______。

二、单选题

1.治疗量阿托品不会引起(　　)。

A.胃肠平滑肌松弛　B.腺体分泌减少　C.调节麻痹
D.中枢兴奋，焦虑不安　E.瞳孔扩大，眼内压升高

2.阿托品的哪项作用与 M 受体阻断作用无关(　　)。

A.松弛胃肠平滑肌　B.抑制腺体分泌　C.扩瞳
D.加快心率　E.扩张血管、改善微循环

3.和阿托品相比，山莨菪碱的作用特点是(　　)。

A.解除平滑肌痉挛作用较强　B.散瞳作用较弱
C.抑制唾液分泌作用较强　D.中枢兴奋作用较强
E.抑制心血管作用较强

4.阿托品对眼的作用为(　　)。

A.缩瞳、升高眼压、调节痉挛　B.扩瞳、升高眼压、调节痉挛
C.缩瞳、降低眼压、调节麻痹　D.扩瞳、升高眼压、调节麻痹
E.扩瞳、降低眼压、调节麻痹

5.对阿托品最敏感的腺体是(　　)。

A.汗腺　B.呼吸道腺体　C.消化道腺体　D.泪腺　E.生殖腺

6.误食毒蕈中毒可选用何药治疗(　　)。

A.毛果芸香碱　B.阿托品　C.毒扁豆碱　D.碘解磷定　E.新斯的明

7.阿托品的不良反应不包括(　　)。

A.心动过速　B.视近物模糊　C.口干　D.皮肤潮红　E.恶心呕吐

8.应用全身麻醉药前给阿托品的目的在于(　　)。

A.增强麻醉效果　B.减少麻醉药用量　C.防止休克
D.减少呼吸道腺体分泌　E.预防麻醉药中毒

9.阿托品不能对抗(　　)。

A.瞳孔缩小　B.肠平滑肌痉挛　C.胃酸分泌
D.心率加快　E.微血管痉挛

10.某患者服用一些药物导致精神错乱、抽搐。体检发现心动过速、体温升高、皮肤潮红、瞳孔散大,此患者的解救药物是(　　)。

A.毛果芸香碱　B.后马托品　C.东莨菪碱　D.山莨菪碱　E.琥珀胆碱

11.阿托品抗休克的主要原因是(　　)。

A.解除血管痉挛,改善微循环,增加重要脏器的血流量
B.抗菌、抗毒素作用,消除休克的原因
C.抗迷走神经,兴奋心脏,升高血压
D.扩张支气管,缓解呼吸困难
E.增加血容量

12.不属溴丙胺太林特点的是(　　)。

A.口服吸收差　B.不易透过血脑屏障　C.不良反应与阿托品相似
D.对胃肠解痉作用较弱　E.中毒剂量可致神经肌肉接头阻断

13.琥珀胆碱的骨骼肌松弛机制是(　　)。

A.抑制胆碱酯酶　B.中枢性肌松作用
C.运动终板突触后膜产生持久除极化　D.抑制运动神经末梢释放乙酰胆碱
E.促进运动神经末梢释放乙酰胆碱

三、多选题

1.具有 M 受体阻断作用的抗胆碱药包括(　　)。

A.后马托品　B.新斯的明　C.溴丙胺太林　D.山莨菪碱　E.碘解磷定

2.阿托品单用疗效较差,需合用阿片类镇痛药的是(　　)。

A.胃肠绞痛　B.膀胱刺激征　C.胆绞痛
D.肾绞痛　E.全身麻醉前给药

3.关于阿托品对眼的作用,正确的是(　　)。

A.能对抗毛果芸香碱的缩瞳作用　B.视远物清楚
C.作用持久　D.通常不升高眼压
E.与毛果芸香碱交替使用治疗虹膜睫状体炎

4.阿托品禁用于(　　)。

A.青光眼　B.心动过缓　C.支气管哮喘　D.心律失常　E.前列腺肥大

5.0.5~1.0mg 阿托品可产生的药理作用包括(　　)。

A.抑制中枢　B.对眼睛的作用　C.抑制腺体分泌
D.松弛内脏平滑肌　E.扩张血管

6.东莨菪碱的作用特点是(　　)。

A.兴奋中枢　B.镇静作用　C.减少腺体分泌
D.对心血管作用强　E.中枢作用弱

7.山莨菪碱临床主要治疗(　　)。

A.内脏绞痛　B.全身麻醉前给药　C.感染性休克

D.晕动症　　E.帕金森病

8.可用于眼底检查的药物有(　　)。

A.阿托品　　B.后马托品　　C.托吡卡胺　　D.环喷托酯　　E.尤卡托品

9.琥珀胆碱的不良反应包括(　　)。

A.窒息　　B.血钾升高　　C.组胺释放　　D.肌束颤动　　E.神经节阻滞

四、是非题

1.大剂量阿托品通过阻断 M 受体扩张血管,可用于感染性休克的治疗。　(　　)

2.阿托品对眼睛的药理作用要通过滴眼局部用药的方式才能发挥出来,全身应用阿托品对眼睛的作用并不显著。　(　　)

3.阿托品的治疗作用和副作用会随用药目的不同相互转化。　(　　)

4.东莨菪碱用于麻醉前给药疗效优于阿托品。　(　　)

5.琥珀胆碱的肌松作用从颈部肌肉开始,可用于气管内插管。　(　　)

五、简答题

简述阿托品的药理作用、临床应用、主要不良反应和禁忌证。

(王　强)

第八章　肾上腺素受体激动药

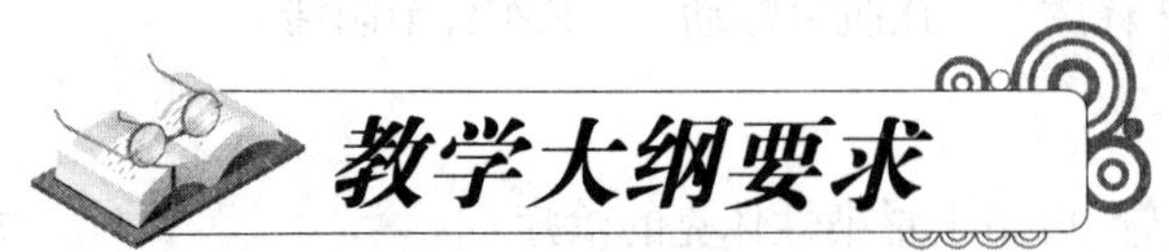

1. 掌握肾上腺素、去甲肾上腺素、异丙肾上腺素、多巴胺的药理作用、临床应用和不良反应。

2. 熟悉麻黄碱、间羟胺的药理作用、临床应用和不良反应。

3. 了解拟肾上腺素药的分类。

肾上腺素受体激动药，又称拟肾上腺素药、拟交感胺类药物，可分为：α、β受体激动药，α受体激动药，β受体激动药，α、β、DA 受体激动药。

一、α、β受体激动药

如肾上腺素、麻黄碱。

(一)肾上腺素

1. 药理作用

(1)对血管的作用：激动血管α受体，明显收缩皮肤、黏膜、内脏血管；激动血管β_2受体，舒张骨骼肌血管。

(2)兴奋心脏：激动心脏β_1受体。

(3)对血压的影响

①小剂量(治疗量)：激动心脏β_1受体，兴奋心脏，收缩压升高；激动血管β_2受体，舒张骨骼肌血管，舒张压不变或下降；脉压差增大。

②大剂量：激动心脏β_1受体，兴奋心脏，收缩压升高；激动全身血管平滑肌α_1受体，强烈收缩全身血管，舒张压升高。

肾上腺素典型的血压改变为双相反应。

③肾上腺素升压作用的翻转：若预先给予α受体阻断药，再用肾上腺素，可引起血压明显降低，这是因为肾上腺素激动α受体引起皮肤、黏膜、内脏血管的收缩作用已被α受体阻断药所阻断，肾上腺素只表现出激动血管β_2受体的作用，使骨骼肌血管舒张，因此血压进一步下降。

(4)扩张支气管：激动β_2受体。

(5)对代谢的影响:促进糖原和脂肪分解。

2.临床应用

(1)心脏骤停。

(2)过敏性休克:首选药。机制为激动皮肤、黏膜、内脏血管平滑肌上的α_1受体,收缩小动脉和毛细血管前括约肌,升高血压;激动心脏β_1受体,增加心输出量;激动β_2受体,松弛支气管平滑肌;激动支气管黏膜α受体,使血管收缩、黏膜水肿减轻;减少过敏介质释放,扩张冠脉。

(3)支气管哮喘:激动β_2受体,解除支气管平滑肌痉挛,抑制组织和肥大细胞释放组胺等过敏活性物质;激动支气管黏膜α受体,使血管收缩、黏膜水肿减轻。

(4)局部应用:①与局麻药合用,使局部血管收缩,减少局麻药吸收,延长麻醉时间,减少局麻药吸收中毒;②局部止血(鼻出血)。

(5)青光眼。

(6)其他:缓解变态反应性疾病的症状。

3.不良反应　心悸、焦虑、烦躁、头痛;剂量过大或静注过快,有发生脑出血的危险;可使心肌耗氧量增加,也可引起心律失常。

(二)麻黄碱

1.药理作用　与肾上腺素比较有明显特点:①性质稳定,可以口服;②作用弱而持久;③易通过血-脑屏障,有显著中枢兴奋作用;④反复使用可产生快速耐受性。

2.临床应用　防治轻度支气管哮喘;消除鼻塞;防治硬膜外和腰麻引起的低血压;缓解荨麻疹和血管神经性水肿的皮肤黏膜症状。

3.不良反应　烦躁、失眠,大剂量可致心率加快、血压升高。

二、α受体激动药

如去甲肾上腺素、间羟胺、去氧肾上腺素、甲氧明。

(一)去甲肾上腺素

1.药理作用　主要激动α受体,对β_1受体弱激动。

(1)收缩血管:激动血管α_1受体使全身小动脉、小静脉收缩。

(2)兴奋心脏:激动心脏β_1受体。

(3)升高血压:收缩压、舒张压均升高。

2.临床应用

(1)休克:仅限于治疗神经源性休克早期、嗜铬细胞瘤切除后及药物中毒后的低血压状态,如长期或大剂量应用加重微循环障碍。

(2)上消化道出血:局部止血。

3.不良反应　局部缺血、急性肾衰竭、血压升高。

(二)间羟胺

特点

(1)可直接兴奋α受体和β_1受体,也可被肾上腺素能神经末梢摄取,进入囊泡,促进NA释放。

(2)收缩血管及升压作用不比NA弱而持久,为NA代用品,用于各种休克早期。

(3)β_1受体兴奋作用较弱,不易引起心律失常。

(4)可肌内注射。

(5)不易引起急性肾衰竭。

(6)短时间内连续使用可产生快速耐受性。

三、β受体激动药

包括异丙肾上腺素、多巴酚丁胺。

异丙肾上腺素

1.药理作用

(1)舒张血管:激动血管β_2受体舒张骨骼肌血管、肾血管、肠系膜血管、冠脉等。

(2)兴奋心脏:激动心脏β_1受体。

(3)降低血压:激动β_1受体,兴奋心脏,收缩压升高;激动β_2受体,舒张骨骼肌血管,舒张压下降;脉压增大。

(4)扩张支气管。

(5)对代谢的影响:促进糖原和脂肪分解。

2.临床应用 支气管哮喘,房室传导阻滞,心脏骤停,感染性休克。

3.不良反应 心悸、头晕、诱发心律失常及心绞痛。

四、α、β、DA受体激动药

多巴胺

1.药理作用

(1)对血管的作用:低浓度主要激动位于肾脏、肠系膜和冠脉的多巴胺受体,舒张上述血管;高浓度可激动血管α受体,收缩血管。

(2)兴奋心脏:激动心脏β_1受体。

(3)对肾脏的影响:低浓度激动DA受体,扩张肾血管,并直接抑制肾血管Na^+的重吸收,具有排钠利尿作用;高浓度可激动肾血管α受体,使肾血流和尿量减少。

2.临床应用

(1)休克:常用于心源性、感染中毒性和出血性休克,特别对伴有心肌收缩力减弱及尿量减少的休克患者尤为适用。

(2)急性肾衰竭。

3.不良反应 一般较轻。

一、名词解释

1.肾上腺素升压作用的翻转

二、填空

1.过敏性休克首选_____;防治硬膜外和腰麻引起的低血压选用_____。

2.治疗去甲肾上腺素所致的局部坏死方法是:用_____做局部浸润注射。

3.去甲肾上腺素主要激动_____受体;异丙肾上腺素主要激动_____受体。

4.异丙肾上腺素主要对_____血管舒张作用明显,与_____受体激动作用有关。

5. 对α、β及 DA 受体均有激动作用的拟肾上腺素药是_____,其临床可用于______和______的治疗。

三、单选题

1.单次注射会引起血压先升后降双相反应的药物是(　　)。

A.去甲肾上腺素　　B.异丙肾上腺素　　C.肾上腺素

D.麻黄碱　　E.多巴胺

2.心脏骤停的复苏最好选用(　　)。

A.麻黄碱　　B.肾上腺素　　C.间羟胺

D.去甲肾上腺素　　E.多巴胺

3.氯丙嗪翻转肾上腺素的升压作用是由于该药能(　　)。

A.阻断 M 受体　　B.兴奋β_2受体　　C.阻断α受体

D.阻断 D_2 受体　　E.阻断β_1受体

4.肾上腺素对心脏的作用是(　　)。

A.激动α受体,使心率加快,心肌收缩力加强,传导加快

B.激动β_1受体,使心率加快,心肌收缩力加强,传导加快

C.激动β_1受体,使心率减慢,心肌收缩力加强,传导加快

D.激动α受体,使心率减慢,心肌收缩力加强,传导加快

E.激动β_2受体,使心率减慢,心肌收缩力加强,传导加快

5.肾上腺素的作用并不能引起(　　)。

A.血管收缩　　B.心率加快　　C.血糖降低　　D.血压升高　　E.松弛支气管

6.局麻药液中加入少量肾上腺素的目的是(　　)。

A.扩张气管,保持呼吸道通畅　　B.预防手术出血

C.预防感染　　D.减少局麻药的吸收,延长其作用时间

E.预防局麻药过敏

7.治疗鼻炎、鼻窦炎出现的鼻黏膜充血,选用的滴鼻药是(　　)。

A.去甲肾上腺素　B.肾上腺素　C.异丙肾上腺素
D.多巴胺　E.麻黄碱

8.只能静滴给药的是(　　)。
A.肾上腺素　B.去甲肾上腺素　C.间羟胺
D.异丙肾上腺素　E.麻黄碱

9.治疗上消化道出血最好选用(　　)。
A.肾上腺素　B.间羟胺　C.去甲肾上腺素
D.麻黄碱　E.异丙肾上腺素

10.无尿休克患者禁用(　　)。
A.去甲肾上腺素　B.阿托品　C.间羟胺
D.肾上腺素　E.异丙肾上腺素

11.去甲肾上腺素作用最明显的是(　　)。
A.胃肠道和膀胱平滑肌　B.心血管系统　C.支气管平滑肌
D.眼睛和腺体　E.中枢神经系统

12.无调节麻痹作用的扩瞳药是(　　)。
A.阿托品　B.东莨菪碱　C.后马托品
D.去氧肾上腺素　E.环喷托酯

13.以下不属于主要作用于α受体的拟肾上腺素药有(　　)。
A.肾上腺素　B.去甲肾上腺素　C.甲氧明
D.间羟胺　E.去氧肾上腺素

14.异丙肾上腺素不具有的作用(　　)。
A.收缩支气管黏膜血管　B.兴奋β_2受体　C.抑制过敏介质释放
D.松弛支气管平滑肌　E.兴奋心脏

15.对肾上腺素、去甲肾上腺素、异丙肾上腺素相同作用的说法错误的是(　　)。
A.扩张冠脉　B.收缩压升高　C.心肌收缩力增强
D.具有平喘作用　E.均对β_1受体有激动作用

16.肾上腺素、异丙肾上腺素用于支气管哮喘的不同点在于(　　)。
A.扩张支气管平滑肌　B.抑制肥大细胞过敏活性物质的释放
C.收缩支气管黏膜血管　D.激动β_2受体
E.疗效强大

17.对伴有心肌收缩力减弱及尿量减少的休克患者尤为适用的药物是(　　)。
A.肾上腺素　B.去甲肾上腺素　C.间羟胺
D.多巴胺　E.多巴酚丁胺

18.急性肾衰竭时可用何药与利尿药配伍来改善肾功能(　　)。
A.多巴胺　B.麻黄碱　C.去甲肾上腺素
D.异丙肾上腺素　E.肾上腺素

四、多选题

1.主要作用于α和β受体的拟肾上腺素药有(　　)。

A.肾上腺素　　B.去甲肾上腺素　　C.异丙肾上腺素
D.麻黄碱　　E.间羟胺

2.肾上腺素对血管作用是(　　)。

A.收缩皮肤黏膜血管　　B.收缩内脏血管　　C.舒张骨骼肌血管
D.舒张肠系膜血管　　E.舒张肾血管

3.麻黄碱与肾上腺素比较,其作用特点是(　　)。

A.升压作用弱、持久　　B.易引起耐受性　　C.能兴奋中枢
D.可口服给药　　E.有舒张平滑肌作用

4.间羟胺与去甲肾上腺素相比,前者的特点是(　　)。

A.对β_1受体作用较弱
B.升压作用弱而持久
C.不易引起心律失常
D.可促进肾上腺素能神经末梢释放去甲肾上腺素
E.可肌注或静脉滴注

五、是非题

1.麻黄碱不易穿透血-脑屏障,多巴胺则与之相反,易穿透血-脑屏障而产生中枢兴奋作用。(　　)

2.肾上腺素和去甲肾上腺素均可用于局部止血,肾上腺素可用于鼻出血,去甲肾上腺素可用于上消化道出血。(　　)

六、简答题

1.试述肾上腺素治疗过敏性休克的作用原理。

2.比较肾上腺素、去甲肾上腺素、异丙肾上腺素对血压的影响。

(魏　丽)

第九章　肾上腺素受体阻断药

掌握α受体阻断药(酚妥拉明)和β受体阻断药(普萘洛尔、美托洛尔)的药理作用、临床应用和不良反应。

一、α受体阻断药

分为非选择性α肾上腺素受体阻断药和选择性α肾上腺素受体阻断药。非选择性α肾上腺素受体阻断药又分为短效类(如酚妥拉明)和长效类(如酚苄明);选择性α肾上腺素受体阻断药又分为选择性α_1肾上腺素受体阻断药(如哌唑嗪)和选择性α_2肾上腺素受体阻断药(如育亨宾)。

α_1、α_2肾上腺素受体阻断药

酚妥拉明

1.药理作用

(1)舒张血管。

(2)兴奋心脏。

(3)其他作用:激动M受体→胃肠道平滑肌兴奋;组胺样作用→胃酸分泌增加、皮肤潮红。

2.临床应用

(1)外周血管痉挛性疾病。

(2)防治组织缺血坏死。

(3)休克:适用于已补足血容量的感染中毒性、心源性及神经源性休克。

(4)肾上腺嗜铬细胞瘤的诊断和此病骤发的高血压危象。

(5)顽固性充血性心力衰竭和急性心肌梗死。

(6)其他:缓解变态反应性疾病的症状。

3.不良反应　常见低血压。尚有恶心、呕吐、腹痛、腹泻及胃酸分泌增加。静脉给药可致心率加快、心律失常和心绞痛。

二、β受体阻断药

（一）分类

可分为：①非选择性β受体阻断药，如普萘洛尔、噻吗洛尔、索他洛尔等；②选择性β_1受体阻断药，如阿替洛尔、美托洛尔等；③α、β受体阻断药，如拉贝洛尔等。

（二）药理作用

1.β受体阻断作用

（1）对心血管系统的作用：阻断心脏β_1受体，抑制心脏；非选择β受体阻断药可使肝、肾、冠状动脉和骨骼肌等组织血流量减少。

（2）收缩支气管：阻断支气管β_2受体。

（3）对代谢的影响：①抑制脂肪分解：阻断β_3受体；②延缓用胰岛素后血糖水平的恢复；③有效控制甲亢的临床症状：阻断β受体、抑制甲状腺激素（T_4）转化为活性更强的三碘甲状腺原氨酸（T_3）。

（4）抑制肾素释放：阻断肾小球旁细胞β_1受体。

（5）减少房水生成，降低眼压。

2.内在拟交感活性　有些β肾上腺素受体阻断药与β受体结合后除能阻断受体外，还对β受体产生部分激动效应，因这种激动作用较弱，常被其β受体阻断作用所掩盖，称为内在拟交感活性。

3.膜稳定作用　有些β受体阻断药由于降低了细胞膜对离子的通透性，稳定心肌细胞膜电位，故具有奎尼丁样和局部麻醉作用。

（三）临床应用

高血压病、心律失常、心绞痛和心肌梗死、充血性心力衰竭、甲状腺功能亢进、噻吗洛尔局部用于治疗原发性开角型青光眼。

（四）不良反应

1.常见不良反应　恶心、呕吐、腹泻等。

2.心血管反应　心脏功能抑制、血压降低等。

3.诱发或加重哮喘

4.反跳现象　β受体上调。

一、填空

1.酚妥拉明既能_____,又可_____,故可使血管舒张。

2.当静脉滴注去甲肾上腺素发生外漏常选用_____局部浸润注射以拮抗去甲肾上腺素的作用,防止组织坏死。

3.α_1受体选择性阻断药的代表药是_____。

4.根据β受体阻断药对受体亚型选择性的不同,可将其分为_____、_____与_____三类,代表药分别是_____、_____与_____。

5.长期应用β受体阻断药突然停药,可出现_____,原因是_____。

6.噻吗洛尔临床主要治疗____。

二、单选题

1.酚妥拉明扩张血管的原因是(　　)。

A.阻断β_2受体　B.阻断α受体　C.阻断β_1受体　D.兴奋DA受体　E.阻断M受体

2.酚妥拉明兴奋心脏的机制是(　　)。

A.反射性兴奋交感神经　B.激动心脏α受体　C.阻断心脏α受体　D.直接兴奋交感神经中枢　E.激动心脏β_1受体

3.具有肾上腺素作用翻转的药物是(　　)。

A.多巴胺　B.间羟胺　C.普萘洛尔　D.酚妥拉明　E.阿托品

4.对疑为肾上腺嗜铬细胞瘤严重高血压患者,应选用(　)药物帮助诊断。

A.阿替洛尔　B.美托洛尔　C.酚妥拉明　D.筒箭毒碱　E.间羟胺

5.普萘洛尔不能用于治疗(　　)。

A.心律失常　B.心绞痛　C.高血压　D.充血性心力衰竭　E.支气管哮喘

6.对于β受体阻断剂,不属于禁用或慎用的是(　　)。

A.支气管哮喘患者　B.心脏传导阻滞患者　C.外周血管痉挛性疾病患者　D.青光眼患者　E.严重心力衰竭患者

7.普萘洛尔治疗心绞痛的主要药理作用是(　　)。

A.抑制心肌收缩力,减慢心率,减少心脏耗氧量

B.扩张冠脉

C.减低心脏前负荷,减少心脏耗氧量

D.降低左室壁张力,减少心脏耗氧量

E.溶解血栓

8.兼有阻断α、β受体作用的药物是(　　)。

A.普萘洛尔　B.吲哚洛尔　C.拉贝洛尔　D.美托洛尔　E.阿替洛尔

9.美托洛尔能阻滞下列肾上腺素的哪种作用(　　)。

A.升高血压　B.心动过速　C.扩张支气管

D.减轻黏膜水肿　E.局部止血

10.下列药物中不适于抗休克治疗的是(　　)。

A.新斯的明　B.阿托品　C.酚妥拉明　D.间羟胺　E.多巴胺

三、多选题

1.酚妥拉明的药理作用包括(　　)。

A.舒张血管　B.兴奋心脏　C.激动胆碱受体

D.组胺样作用　E.膜稳定作用

2.酚妥拉明与酚苄明不同的作用特点有(　　)。

A.酚妥拉明α受体阻滞作用弱而短,酚苄明作用强而持久

B.酚妥拉明有抗休克作用,酚苄明没有

C.酚妥拉明易产生低血压,酚苄明不易

D.酚苄明用于良性前列腺增生引起的排尿困难,酚妥拉明没有此作用

E.酚妥拉明可肌内注射,酚苄明不能肌内注射

3.属选择性β_1受体阻断药是(　　)。

A.普萘洛尔　B.阿替洛尔　C.美托洛尔　D.拉贝洛尔　E.噻吗洛尔

4.β受体阻断药临床用于治疗(　　)。

A.高血压　B.心律失常　C.心绞痛　D.充血性心力衰竭　E.甲亢

5.β受体阻断药严重不良反应有(　　)。

A.抑制心脏功能

B.诱发和加重哮喘

C.长期应用突然停药可使原有病情加重

D.升高眼压

E.偏头痛

四、是非题

1.噻吗洛尔通过与毛果芸香碱相同的作用机制治疗青光眼。(　　)

2.在实验中先给予酚妥拉明再给予肾上腺素,可出现血压先升后降的双相反应。(　　)

五、简答题

试述肾上腺素不能纠正氯丙嗪中毒引起血压下降的原理。

（张　伟）

第十章　麻醉药

1.熟悉利多卡因、普鲁卡因、丁卡因、麻醉乙醚、氟烷、硫喷妥钠、氯胺酮的作用特点、临床应用及不良反应;复合麻醉的方法。

2.了解局麻药的作用机制及影响因素。

第一节　局部麻醉药

局部麻醉药(局麻药):一类局部应用于神经末梢或神经干周围,能暂时、完全和可逆地阻断神经冲动的产生和传导,在意识清醒的条件下,使局部痛觉暂时消失的药物。

一、常用药物可分为以下两类

1. 酯类　如普鲁卡因和丁卡因。

2. 酰胺类　如利多卡因和丁派卡因。

二、作用机制

当局麻药进入神经细胞后在膜内侧与钠通道上的特异位点合,阻断电压门控性钠通道,钠离子内流被阻断,使传导阻滞产生局麻作用。

三、局麻方法

1.表面麻醉　是将穿透性强的局麻药涂于黏膜表面,使黏膜下神经末梢麻醉。

2.浸润麻醉　是将局麻药溶液注入皮下或手术野附近组织,使局部神经末梢麻醉。

3.传导麻醉　是将局麻药溶液注射到外周神经干附近,阻断神经冲动传导。

4.蛛网膜下腔麻醉(硬膜外麻醉)　将局麻药注入硬脊膜外腔,药液沿着神经鞘扩散,使该部位的神经根麻醉。

5.硬脊膜外麻醉(腰麻)　是将局麻药溶液注入腰椎蛛网膜下腔,麻醉该部位的脊神经根。

四、常用局麻药

1.普鲁卡因(procaine)　脂溶性较低,穿透力弱,毒性较小,可产生过敏反应。用于除表面麻醉以外的各种麻醉方法。能对抗磺胺药的作用。

2.利多卡因(lidocaine)　穿透力强,作用及毒性均强于普鲁卡因。可用于各种局麻方法。有抗心律失常作用。

3.丁卡因(tetracaine)　穿透力强,作用及毒性均强于普鲁卡因。用于除浸润麻醉以外的各种局部麻醉方法。

4.布比卡因(bupivacaine)　麻醉作用强于利多卡因,持续时间长,用于除表面麻醉以外的各种麻醉方法。

第二节　全身麻醉药

全身麻醉药是指能产生镇痛、意识丧失、感觉和自主反射被抑制及骨骼肌松弛的药物。全身麻醉药分为吸入性麻醉药和静脉麻醉药。

一、吸入性全麻药

1.吸入性麻醉药是一类挥发性液体或气体,吸收后发生药物。

2.常用药物

(1)异氟烷及恩氟烷:诱导期短,苏醒也快,肌肉松弛良好,反复使用无明显副作用,是目前临床上较为常用的全麻药。

(2)地氟烷:结构类似异氟烷,诱导期短,易苏醒,麻醉作用为异氟烷的1/5。用于成年人全麻的诱导和维持,也可用于儿童的麻醉维持。可有呼吸道刺激。

(3)七氟烷:麻醉诱导期短,深度易于控制,对心脏功能影响小,不刺激呼吸道。能增强和延长非去极化肌肉松弛药的作用。用于儿童及成人诱导麻醉和维持麻醉。

(4)氧化亚氮:诱导期短,镇痛作用强,停药后苏醒也快,对肝、肾和呼吸功能无不良影响。主要缺点是麻醉效能很低,需与其他麻醉药配伍使用。

二、静脉麻醉药

静脉麻醉药主要通过缓慢静脉注射或静脉滴注而产生麻醉作用。用于麻醉,方法简便易行,麻醉速度快,药物经静脉注射后到达脑内即产生麻醉,诱导期不明显。因麻醉较浅,主要用于诱导麻醉。若单独应用只适用于小手术及某些外科处理。

1.硫喷妥钠(thiopental sodium)　脂溶性高,麻醉作用很快,但作用维持时间短暂,加之镇痛效果差,肌肉松弛不完全。临床上主要用于诱导麻醉,基础麻醉和短时小手术的麻醉。

2.氯胺酮(ketamine)　NMDA受体阻断剂,可阻断痛觉传导,同时又兴奋脑干及边缘系统。引起痛觉消失而仍有部分意识存在,称为分离麻醉。对心血管具有明显兴奋作用。临床主要用于体表小手术。

3.依托咪酯 生效快,持续时间短,强度约为硫喷妥钠的12倍。对心血管影响小,可用于诱导麻醉。大剂量快速静脉注射本品可有呼吸抑制。应用本品后可出现阵挛性肌收缩,恢复期出现恶心、呕吐症状。

4.丙泊酚 起效快,作用时间短,苏醒迅速,对呼吸道无刺激,可降低脑代谢率和颅内压。用于全麻诱导、维持麻醉及镇静催眠辅助用药。主要不良反应为对心血管和呼吸系统有抑制作用,注射过快可出现呼吸和(或)心跳暂停,血压下降等。

三、复合麻醉

复合麻醉是指同时或先后应用两种以上的麻醉药物或其他辅助药物。减轻患者的紧张情绪及克服全麻药的诱导期长和骨骼肌松弛不完全等缺点。

1.麻醉前给药 指患者进入手术室前应用药物。

2.基础麻醉 对于过度紧张或不合作者(如小儿)进入手术室前先用大剂量催眠药,使进入深睡或浅麻醉状态。进手术室后再用吸入性麻醉药。

3.诱导麻醉 用诱导期短的硫喷妥钠或氧化亚氮,使迅速进入外科麻醉期,后改用其他药物维持麻醉。

4.在麻醉的同时注射琥珀胆碱或筒箭毒碱。

5.神经安定镇痛术 常用氟哌利多及芬太尼按50∶1制成的合剂做静脉注射,使患者达到意识模糊朦胧,痛觉消失,称为神经安定镇痛术。适用于外科小手术。如同时加用氧化亚氮及肌松药可达到满意的外科麻醉,称为神经安定麻醉。

习 题

一、名词解释

1.表面麻醉

2.浸润麻醉

3.传导麻醉

4.腰麻

二、填空

1.用于浸润麻醉的药有_____、_____、_____。

2.用于腰麻的药物有_____、_____、_____。

3.酯类局麻药主要被血浆中_____水解。

4.可用于表面麻醉的药物有_____。

5.常用的局麻药分为_____和_____两大类。

6.常用的复合麻醉方法有_____、_____、_____、_____和_____。

7.静脉麻醉药与吸入麻醉药相比,其优点是无_____期的各种不适,对_____无刺激性。主要缺点是不如吸入麻醉药易于掌握_____。

三、单选题

1.脊髓麻醉的主要危险是(　　)。

A.呼吸麻痹和血压下降　B.心率加快　C.头痛
D.脑脊膜刺　E.心脏抑制

2.局麻药使哪种感觉先消失(　　)。

A.冷觉　B.痛觉　C.温觉　D.触觉　E.压觉

3.不适用于浸润麻醉的药物是(　　)。

A.丁哌卡因　B.丁卡因　C.利多卡因　D.普鲁卡因　E.以上均不是

4.不宜用普鲁卡因的局麻方法是(　　)。

A.表面麻醉　B.浸润麻醉　C.传导麻醉　D.腰麻　E.硬膜外麻醉

5.具有分离麻醉作用的全麻药是(　　)。

A.硫喷妥钠　B.麻醉乙醚　C.氟烷　D.氯胺酮　E.氧化亚氮

6.可引起呼吸抑制、喉痉挛和支气管痉挛的全麻药是(　　)。

A.麻醉乙醚　B.氧化亚氮　C.氟烷　D.氯胺酮　E.硫喷妥钠

7.肌肉松弛较完全的全麻药是(　　)。

A.麻醉乙醚　B.氧化亚氮　C.氯胺酮　D.硫喷妥钠　E.氟烷

8.可引起肝损伤的全麻药是(　　)。

A.氯胺酮　B.氟烷　C.硫喷妥钠　D.麻醉乙醚　E.氧化亚氮

9.常用于神经安定镇痛术配伍的药物是(　　)。

A.苯巴比妥+芬太尼　B.普鲁卡因+芬太尼　C.琥珀胆减+芬太尼
D.氟哌啶+芬太尼　E.氯丙嗪+芬太尼

10.可增加心肌对儿茶酚胺敏感性,诱发心律失常的全麻药(　　)。

A.氟烷　B.麻醉乙醚　C.氯胺酮　D.氧化亚氮　E.硫喷妥钠

11.氧化亚氮吸人,迅速进入外科麻醉期称为(　　)。

A.麻醉前给药　B.基础麻醉　C.分离麻醉
D.诱导麻醉　E.神经安定麻醉

12.下列对氟烷错误的叙述是(　　)。

A.化学性质不稳定　B.肌松及镇痛作用强
C.子宫平滑肌松弛　D.麻醉作用快而强,苏醒期短
E.呼吸道刺激性小

13.下列对乙醚错误的叙述是(　　)。

A.有特异臭味,易燃,易氧化　B.安全范围较大
C.麻醉诱导期和苏醒期短　D.对心、肝、肾毒性小
E.骨骼肌松弛作用较强

14.下列全麻药叙述的错误项是(　　)。

A.氧化亚氮的麻醉作用快而较弱,骨骼肌松弛不完全

B.硫喷妥钠麻醉作用快而短,骨骼肌松弛不完全

C.麻醉乙醚的麻醉作用较强,诱导期长,骨骼肌松弛较完全

D.氯胺酮麻醉作用起效慢,镇痛作用弱,维持时间长

E.氟烷麻醉作用快而强,肌松差

四、多选题

1.酯类局麻药包括以下哪些药(　　)。

A.普鲁卡因　B.利多卡因　C.丁哌卡因　D.丁卡因　E.辛可卡因

2.酰胺类局麻药包括以下哪些药(　　)。

A.普鲁卡因　B.利多卡因　C.丁哌卡因　D.丁卡因　E.辛可卡因

3.影响局麻药作用的因素包括(　　)。

A.体液的 pH　B.血管收缩药　C.药物浓度　D.注射部位　E.体位与比重

4.硬膜外麻醉的特点包括(　　)。

A.不与颅腔相通,药液不扩散入脑　B.无头痛或脑脊膜刺激现象

C.可引起外周血管扩张　D.麻醉技巧较难

E.不引起心脏抑制

五、简答题

试述利多卡因、普鲁卡因和丁卡因的作用特点。

（郭凯文）

第十一章　镇静催眠药和抗惊厥药

1.掌握苯二氮䓬药物的药理作用、临床应用及不良反应。

2.熟悉巴比妥类药物及硫酸镁的临床应用、主要不良反应。

3.了解其他药物的特点。

第一节　镇静催眠药

镇静催眠药是一类对中枢神经系统具有抑制作用,能引起镇静和近似生理性睡眠的药物。随着剂量的增加,依次产生镇静、催眠、抗惊厥、抗癫痫和中枢性肌松作用。

常用镇静催眠药的分类:

1.苯二氮䓬类　如地西泮(安定)。

2.巴比妥类　如苯巴比妥(鲁米那)。

3.其他　如水合氯醛。

一、苯二氮䓬类

(一)药物分类

1.*长效类*　地西泮(diazepam,安定)、氟西泮。

2.*中效类*　氯氮䓬、硝西泮。

3.*短效类*　三唑仑。

(二)地西泮(diazepam,安定)

1.药理作用及临床应用

(1)抗焦虑:主要用于焦虑症及神经官能症。

(2)镇静催眠作用:用于失眠症、术前镇静。

特点:①不影响快波睡眠(FWS),停药后很少出现“反跳”多梦现象;②耐受性、成瘾性较小;

③不引起麻醉。

(3)抗惊厥、抗癫痫作用:用于破伤风、小儿高热、子痫等引起的惊厥。能抑制由大脑皮层、丘脑、边缘系统等癫痫病灶异常放电的扩散,癫痫持续状态首选地西泮。

(4)中枢性肌松作用:作用的机制,可能与抑制脑干网状结构下行系统对脊髓γ神经元的易化作用,以及增强脊髓神经元的突触前抑制作用有关(抑制脊髓多突触反射)。

用于肌肉痉挛、腰肌劳损及肌僵直。

2.作用机制 地西泮与苯二氮䓬受体(BDZ-R)结合→调控蛋白变构→GABAA-R与氯通道偶联→当GABA激活GABAA-R后→Cl^-通道开放,Cl^-内流→神经细胞超极化→增强GABA的中枢抑制作用。

3.体内过程

(1)口服吸收好,肌内注射吸收不规则,静脉注射可快速显效。

(2)与血浆蛋白结合率高,分布容积大。

(3)主要经肝药酶代谢,代谢产物仍具活性半衰期也较长。

4.不良反应

(1)后遗效应:常见服药次日出现嗜睡、乏力、头晕、记忆力下降,精神不振、共济失调、动作能力低下等宿醉反应。

(2)饮酒加重CNS抑制。

(3)依赖性:连续用药,会发生依赖性,突然停药可出现戒断症状。

(4)急性中毒:过量可致昏迷和呼吸抑制。用氟马西尼解毒(为BZ-R拮抗药)。

二、巴比妥类

(一)药物分类

1.长效 苯巴比妥。

2.中效 异戊巴比妥。

3.短效 司可巴比妥。

4.超短效 硫喷妥钠。

(二)药理作用

巴比妥类为普遍性中枢抑制药,剂量由小到大,相继出现镇静、催眠、抗惊厥、麻醉及呼吸麻痹等作用。

1.镇静、催眠作用

特点:①缩短FWS,久用停药后可出现反跳现象;②不易唤醒,有后遗反应;③成瘾性,耐受性较大;④可引起麻醉;⑤毒性大,安全范围小。

2.抗惊厥、抗癫痫

麻醉和麻醉前给药

(1)麻醉:静脉麻醉和诱导麻醉,用硫喷妥钠。

(2)麻醉前给药:常用苯巴比妥。

(三)作用机制

巴比妥类可与GABAA受体-氯通道复合物上相应的结合位点结合,可促进GABA与GABAA受体的结合,而延长氯通道开放时间,增加Cl^-的内流。

(四)体内过程

1. 药物作用的快慢、强度与脂溶性有关 脂溶性大→易透过血脑屏障→作用快而强

2. 药物维持时间长短与药物消除的方式有关。

(五)不良反应

1.后遗反应 次晨出现头昏、乏力、精神不振、嗜睡等后遗反应。

2.耐受性 肝药酶诱导作用。

3.依赖性 停药后出现戒断症状。

4.急性中毒 深度昏迷、呼吸抑制、反射减弱或消失、血压下降。

5.解救措施 洗胃、导泻、$NaHCO_3$碱化尿液、血液透析法。

6.对症治疗 吸O_2,输液,升压药等。

三、其他镇静催眠药

水合氯醛(chloral hydrate)

作用特点

(1)不影响FWS,停药后无反跳现象。

(2)大剂量有抗惊厥作用。

(3)对胃肠道有强刺激作用。

(4)久服也可引起耐受性、成瘾性。

(5)大剂量对心脏有抑制作用。

第二节 抗惊厥药

惊厥 是各种原因引起的中枢神经过度兴奋的一种症状,表现为骨骼肌痉挛收缩。多见于小儿高热、破伤风、癫痫大发作、子痫及中枢兴奋药中毒。

常用药 巴比妥类药物、地西泮、水合氯醛、硫酸镁等。

硫酸镁

(一)药理作用

注射给药可产生抗惊厥和降血压作用。

硫酸镁口服可泻下和利胆作用。因为口服很少吸收,在肠内形成一定的渗透压,使肠内保存大量水分,刺激肠道蠕动所致。

(二)临床应用

1.抗惊厥　Mg^{2+}可以特异性地拮抗 Ca^{2+}的作用,从而抑制神经递质的分泌和骨骼肌的收缩。

2.降血压　血中 Mg^{2+}浓度过高时,可抑制血管平滑肌,使小血管扩张,血压下降。静脉注射 $CaCl_2$ 可解救(对抗 Mg^{2+})。

3.临床应用　用于惊厥、子痫、破伤风所致惊厥;高血压危象的抢救。

口服不吸收有致泻利胆作用。用于清除毒物。

(三)不良反应及注意事项

静脉注射过量或速度过快可引起呼吸抑制、血压下降,甚至死亡。

可用钙剂(氯化钙或葡萄糖酸钙)缓慢注射对抗。

一、名词解释

1. 镇静药

2. 催眠药

二、单选题

1.地西泮不用于(　　)。

A.高热惊厥　B.麻醉前给药　C.焦虑症或失眠症

D.诱导麻醉　E.癫痫持续状态

2.下列地西泮叙述错误项是(　　)。

A.具有广谱的抗焦虑作用　B.具有催眠作用　C.具有抗抑郁作用

D.具有抗惊厥作用　E.可治疗癫痫持续状态

3.地西泮抗焦虑作用主要作用部位是(　　)。

A.大脑皮质　B.中脑网状结构　C.下丘脑

D.纹状体　E.边缘系统

4.抢救巴比妥类急性中毒时,不应采取的措施是(　　)。

A.洗胃　B.给氧、维持呼吸　C.注射碳酸氢钠,利尿

D.给予催吐药　E.给升压药、维持血压

5.地西泮的作用机制是(　　)。

A.直接抑制中枢神经系统

B.直接作用于 GABA 受体起作用

C.作用于苯二氮䓬受体,增加 GABA 与 GABA 受体亲和力

D.直接抑制网状结构上行激活系统

E.诱导生成一种新蛋白质而起作用

三、多选题

1.苯二氮䓬类的不良反应是(　　)。

A.多数具有乏力、困倦、头晕等

B.大剂量时可有共济失调、言语不清

C.严重时可有意识障碍

D.长期大量应用引起耐药性及依赖性,突然停药,产生戒断症状

E.过量常易引起死亡。

2.苯二氮䓬类与巴比妥类相比,催眠作用的优点是(　　)。

A.对呼吸影响小　　B.对肝药酶无诱导作用　　C.耐药性及依赖性轻

D.镇静及抗惊厥作用强　　E.戒断综合征的症状轻

3.具有抗癫痫作用的镇静催眠药是(　　)。

A.地西泮　　B.苯巴比妥　　C.三唑化　　D.司可巴比妥　　E.硝西泮

四、简答题

1. 试述巴比妥类药物急性中毒的抢救原则。

2. 试述 BZ 类产生药物依赖后,突停之后产生戒断症状的表现及其预防。

(刘晓菊)

第十二章　中枢兴奋药和促大脑功能恢复药

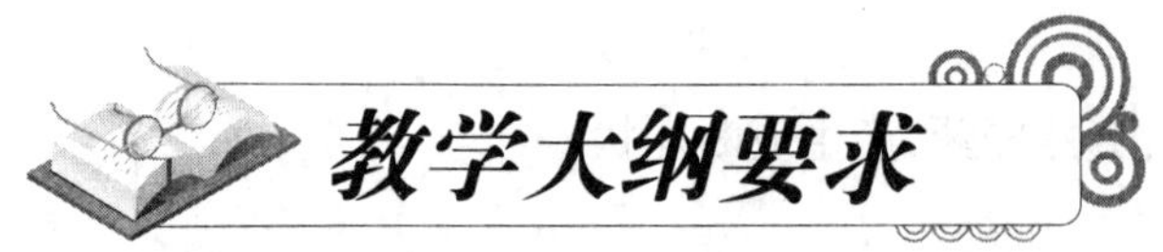

1.熟悉咖啡因、尼可刹米、诺贝林的药理作用、临床应用及不良反应。

2.了解其他中枢兴奋药和促大脑功能恢复药的药理作用和临床应用。

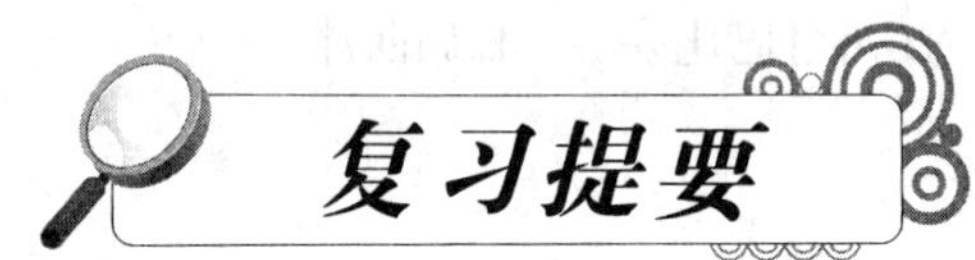

第一节　中枢兴奋药

中枢兴奋药(central stimulants)是能提高中枢神经系统功能活动的一类药物。可分为三类:

1.主要兴奋大脑皮层的药物,如咖啡因。

2.主要兴奋延脑呼吸中枢的药物,如尼可刹米。

3.主要兴奋脊髓的药物,如士的宁。

一、主要兴奋大脑皮层的药物

咖啡因(caffeine)

药理作用及临床应用

(1)小剂量(50~200mg)可使睡意消失,疲劳减轻,精神振奋,思维敏捷;较大剂量(250~500mg)可直接兴奋延脑呼吸中枢和血管运动中枢,使呼吸加快加深,血压升高;中毒剂量(>800mg)可兴奋脊髓。还可舒张支气管平滑肌、利尿及刺激胃肠分泌。咖啡因的中枢兴奋及舒张支气管平滑肌的作用可能与其阻断腺苷受体有关。

(2)主要用于对抗中枢抑制状态,也可配伍治疗某些偏头痛。

(3)用量过大可致惊厥。

二、呼吸中枢兴奋的药

(一)尼可刹米(nikethamide)

又名可拉明(coramine)。直接兴奋延脑呼吸中枢,也可刺激颈动脉体化学感受器而反射性兴奋呼吸中枢,常用于各种中枢性呼吸抑制。

(二)洛贝林(山梗菜碱,lobeline)

刺激颈动脉体和主动脉体的化学感受器而反射性兴奋延脑呼吸中枢。

常用于治疗新生儿窒息、小儿感染性疾病引起的呼吸衰竭。

(三)二甲弗林(回苏灵,dimefline)

直接兴奋呼吸中枢。呼吸兴奋作用比尼可刹米强。临床用于各种原因引起的中枢性呼吸抑制。

以上中枢兴奋药主要用于对抗中枢抑制药中毒或某些传染病引起的中枢性呼吸衰竭。它们的选择性一般都不高,安全范围小,兴奋呼吸中枢的剂量与致惊厥剂量之间的距离小。

中枢兴奋药应用时应严格掌握剂量。宜限于短时就能纠正的呼吸衰竭患者。临床主要采用人工呼吸机维持呼吸,因为它远比呼吸兴奋药有效而且安全可靠。

第二节　促大脑恢复药

吡拉西坦(脑复康,piracetam)

能促进大脑皮层细胞代谢,提高脑组织对葡萄糖的利用率,用于各种原因所致的脑损伤。

一、填空

1.小剂量咖啡因可兴奋 _____,较大剂量时可直接兴奋_____中枢、_____中枢和 _____中枢。

2.小剂量咖啡因与麦角胺配伍治疗偏头痛的药理学依据是_____。

3.尼可刹米主要用于多种原因引起的 _____。

二、单选题

1.解救吗啡中毒引起的呼吸抑制最好选用(　　)。

A.尼可刹米　B.纳洛　C.山梗菜碱　D.二甲弗林　E.以上均不是

2.治疗新生儿窒息应选用(　　)。

A.咖啡因　B.贝美格　C.山梗菜碱　D.尼可刹米　E.二甲弗林

3.关于尼可刹米的正确论述是,除外(　　)。

A.兴奋呼吸作用温和　B.安全范围小

C.可直接兴奋呼吸中枢　D.可反射性兴奋呼吸中枢

E.能提高呼吸中枢对 CO_2 的敏感性

4.适合于治疗小儿遗尿症的药物是(　　)。

A.尼可刹米　B.纳洛酮　C.山梗菜碱　D.甲氯芬酯　E.哌甲酯

5.咖啡因的药理作用包括(　　)。
A.兴奋大脑皮层　B.兴奋延髓迷走神经中枢　C.兴奋延髓呼吸中枢
D.兴奋脊髓　E.以上均是

三、多选题

1. 咖啡因的药理作用有(　　)。
A.小剂量振奋精神
B.较大量可间接兴奋延脑呼吸和血管运动中枢
C.中毒量兴奋脊髓产生惊厥
D.舒张支气管平滑肌和利尿作用
E.刺激胃酸分泌

2. 哌醋甲临床可用于治疗下列(　　)。
A.偏头痛　B.小儿遗尿症　C.呼吸抑制　D.轻度抑郁症　E.小儿多动症

3. 尼可刹米(可拉明)的作用机制是(　　)。
A.直接兴奋延髓呼吸中枢
B.刺激颈动脉体和主动脉体化学感受器,反向性兴奋呼吸中枢
C.阻断腺苷受体
D.兴奋大脑皮层
E.阻断阿片受体

4.兴奋大脑皮层的药物有(　　)。
A.咖啡因　B.贝美格　C.山梗菜碱　D.尼可刹米　E.哌甲酯

5.咖啡因的副作用有(　　)。
A.激动不安　B.失眠　C.心悸、心律失常
D.震颤　E.惊厥

四、简答题

1.简述咖啡因的药理作用。

2.简述咖啡因的主要临床用途。

(刘晓菊)

第十三章 抗癫痫药

1.掌握苯妥英钠的主要作用与临床应用;抗癫痫药物的合理应用。

2.熟悉苯巴比妥、乙琥胺、丙戊酸钠、卡马西平的作用特点及临床应用。

3.了解其他药物的特点。

一、癫痫

大脑局部病灶N元兴奋性过高,产生阵发性高频放电,并向周围扩布,导致大脑功能失调综合征。是一种慢性、反复性、突然发作性大脑功能失调性疾病。

二、癫痫类型

癫痫类型	抗癫痫药
典型大发作	苯妥英钠、卡马西平(酰胺咪嗪)、丙戊酸钠
小发作	乙琥胺、丙戊酸钠、苯二氮䓬类
精神运动性发作	苯妥英钠、苯巴比妥、丙戊酸钠
部分性发作	苯妥英钠、扑米酮
癫痫持续状态	地西泮、异戊巴比妥、苯巴比妥、苯妥英钠

三、常用抗癫痫药

(一)苯妥英钠

1.体内过程 碱性强,不宜肌内注射,口服吸收慢且不规则,癫痫持续状态可静脉注射。经肝药酶灭活。血药浓度个体差异大,应根据疗效和毒性调整剂量。

2.作用机制 阻滞神经细胞膜上的 Na^+ 通道,减少 Na^+ 的内流,稳定神经元的膜电位,降低其

兴奋性。从而阻止了病灶放电向周围正常组织的扩散。具有膜稳定作用。降低细胞膜对 Na^+和 Ca^{2+}的通透性,减少 Na^+和 Ca^{2+}的内流,延缓 K^+外流,从而延长不应期,稳定细胞膜,降低兴奋性。

3.临床应用

(1)抗癫痫:为治疗大发作的首选药,对小发作无效。

(2)外周神经痛:用于三叉神经痛、舌咽神经和坐骨神经痛。

(3)抗心律失常。

4.不良反应

(1)口服可引起胃肠道刺激反应,静注可致静脉炎。

(2)久用可致牙龈增生。为胶原代谢改变引起结缔组织增生所致,多见于青少年。经常按摩牙龈可减轻。

(3)神经系统反应:眼球震颤、共济失调、复视、精神错乱。

(4)造血系统反应:久用巨幼红细胞性贫血。为叶酸吸收及代谢障碍所致,用四氢叶酸防治。定期检查血象。

(5)其他:常见药热、皮疹。长期使用可致低血钙症,必要时应用维生素 D 预防。

(二)苯巴比妥

抗癫痫作用　电生理研究表明,苯巴比妥既能抑制病灶异常高频放电,又能提高病灶周围正常组织的兴奋阈值,限制病灶放电扩散。近年来发现该药可增强脑内 GABA 的功能。

用于癫痫大发作及癫痫持续状态,也可用于局限性和精神运动性发作。因中枢抑制作用明显,一般不作首选。

(三)乙琥胺

为癫痫小发作的首选药,虽然疗效不如氯硝基安定,但副作用小,耐受性产生慢。

作用机制与抑制丘脑钙通道有关。

不良反应:常见胃肠道。

(四)苯二氮䓬类:地西泮、氯硝西泮、硝西泮

作用机制可能与特异性地与苯二氮䓬受体结合,增强脑内 GABA 功能有关。

地西泮首选用于控制癫痫持续状态。静脉注射起效快、安全性较大。

硝西泮对失神性发作,阵挛性发作及幼儿阵挛性发作效果较好。

注意事项

(1)用药宜早、长期用药。

(2)宜一种药物治疗。

(3)注意个体差异:逐渐增量致最适量、无效换用其他药可能有效、逐渐减量 。

(五)丙戊酸钠

抗癫痫作用机制　与增强GABA能神经突触后膜的抑制作用,阻止病灶异常放电的扩散有关。

口服吸收良好,广谱抗癫痫药。对失神小发作优于乙琥胺,但对肝脏毒性大,对胎儿有致畸。

(六)卡马西平(酰胺咪嗪)

1.抗癫痫作用机制　抑制钠通道,从而抑制癫痫病灶及其周围神经元的放电和扩散。能提高脑内 GABA 浓度,增强其抑制作用。

2.为大发作和部分性发作的首选药之一。治疗神经痛效果优于苯妥英钠。

3.常见有眩晕、视力模糊、恶心、呕吐、皮疹和共济失调等。

抗癫痫药的选用

控制癫痫大发作,苯妥英钠首选药。

精神运动性发作,卡马西平是主药。

小发作选乙琥胺,持续状态推安定。

一、填空

1.癫痫持续状态首选 _____。

2.治疗癫痫小发作首选 _____。

3.口服硫酸镁具有_____和_____作用。

二、单选题

1.关于苯妥英钠,错误的叙述是(　　)。

A.治疗某些心律失常　　B.可致牙龈增生

C.治疗癫痫大发作　　D.对癫痫病灶的异常放电有抑制作用

E.可治疗外周神经痛

2.苯妥英钠不宜用于(　　)。

A.癫痫大发作　　B.癫痫持续状态　　C.癫痫小发作

D.局限性发作　　E.抗心律失常

3.治疗三叉神经痛应首选(　　)。

A.索米痛片　　B.地西泮　　C.阿司匹林　　D.卡马西平　　E.可待因

4.下列最有效的治疗癫痫大发作及局限性发作药是(　　)。

A.苯巴比妥　　B.地西泮(安定)　　C.乙琥胺

D.苯妥英钠　　E.卡马西平

5.癫痫持续状态的首选药物是(　　)。

A.硫喷妥钠　　B.苯妥英钠　　C.地西泮(安定)

D.水合氯醛　　E.氯丙嗪

6.对精神运动性发作最有效的药物是(　　)。

A.乙琥胺　　B.卡马西平　　C.苯巴比妥　　D.氯硝西泮　　E.戊巴比妥钠

7.对各类癫痫均有效的药物是(　　)。

A.苯巴比妥　B.苯妥英钠　C.丙戊酸钠　D.乙琥胺　E.地西泮

8.下列关于癫痫治疗原则的叙述中错误的是(　　)。

A.任意给药比不用药更坏　B.有效剂量因人而异
C.长期服药才能减少复发　D.一种药有效就不必用两种药
E.一种药无效应立即换用其他药

9.长期用于抗癫痫治疗时会引起牙龈增生的药物是(　　)。

A.苯巴比妥　B.扑米酮　C.苯妥英钠　D.乙琥胺

10.苯妥英钠抗癫痫作用的主要机制是(　　)。

A.抑制病灶本身异常放电　B.稳定神经细胞膜　C.抑制脊髓神经元
D.具有肌肉松弛作用　E.对中枢神经系统普遍抑制

三、多选题

1.治疗癫痫大发作的首选药有(　　)。

A.乙琥胺　B.苯巴比妥　C.丙戊酸钠　D.卡马西平　E.苯妥英钠

2.癫痫药物治疗的原则有(　　)。

A.治疗开始时主张联合用药　B.疗效不佳时应立即换药
C.癫痫发作时需静脉给药　D.长期应用直至控制症状与发作
E.用药期间注意毒副反应

3.苯妥英钠的临床应用是(　　)。

A.治疗癫痫大发作　B.治疗外周神经痛　C.抗心律失常
D.抗小儿高热引起的惊厥　E.癫痫小发作

4.卡马西平临床用于治疗(　　)。

A.大发作　B.神经运动性发作　C.单纯局限性发作
D.外周神经病　E.尿崩症

5.丙戊酸钠可用于治疗(　　)。

A.大发作　B.小发作　C.神经运动性发作
D.单纯局限性发作　E.肌阵挛性发作

6. 苯妥英钠不良反应有(　　)。

A.胃肠道反应　B.呼吸抑制　C.眩晕、头痛、共济失调
D.皮疹、齿龈增生　E.巨幼红细胞贫血

7. 丙戊酸钠可(　　)。

A.对各种类型癫痫都有疗效　B.对失神小发作疗效优于乙琥胺
C.对大发作优于苯巴比妥　D.损害肝脏
E.恶心、呕吐

8. 下列对癫痫失神小发作疗效好的药物是(　　)。

A.乙琥胺　B.卡马西平　C.丙戊酸钠　D.苯妥英钠　E.苯巴比妥

9. 卡马西平(酰胺咪嗪)的不良反应有(　　)。

A.白细胞、血小板减少　B.共济失调
C.眼球震颤　D.头痛、头晕

E.胃肠道反应

三、简答题

简述苯妥英钠抗癫痫作用和作用机制。

（李 融）

第十四章　治疗中枢神经系统疾病药

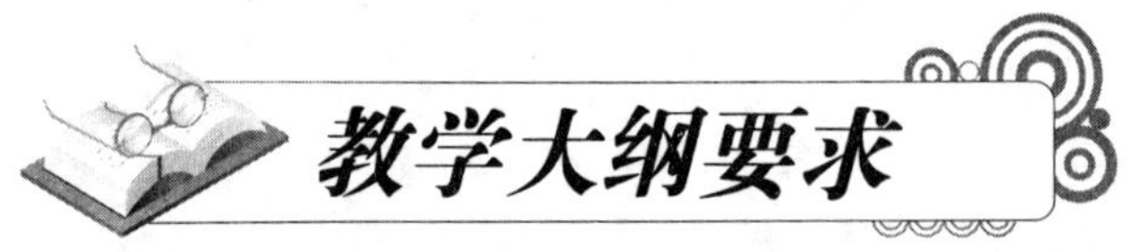

1. 掌握左旋多巴的药理作用、临床应用及不良反应。
2. 熟悉苯海索的作用特点、临床应用。
3. 了解帕金森病、阿尔茨海默病的发病机制。

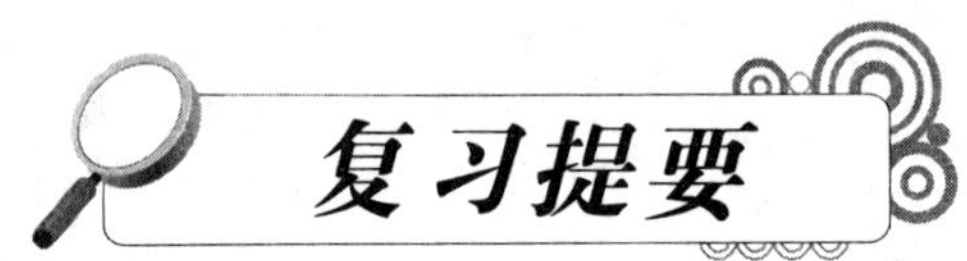

帕金森病(Parkinson disease)是神经系统常见的慢性进行性疾病,典型的症状为运动徐缓、肌强直、震颤和共济失调。

现认为帕金森病是因黑质有病变,多巴胺合成减少,使纹状体内多巴胺含量降低,黑质-纹状体通路多巴胺能神经功能(起抑制作用)减弱,而胆碱能神经功能(起兴奋作用)相对占优势,从而产生帕金森病的肌张力增高症状。

一、中枢拟多巴胺类药

(一)左旋多巴(levodopa, L-dopa)

1.药理作用及临床应用

(1)治疗帕金森病

①起效慢但疗效持久,且随用药时间延长而递增。

②轻症、年轻患者疗效好,但老年、严重患者效果差。

③肌肉强直、运动困难改善好,但对肌肉震颤效果差。

④多种原因引起的帕金森综合征有效,但对抗精神病药(阻断中枢多巴胺受体)引起的无效。

⑤缓解症状但不能阻止病情发展。

(2)治疗肝性脑病:左旋多巴在脑内转变成NA,恢复正常的神经活动。

2.体内过程　口服后,大部分左旋多巴在外周肝、心、肾等处脱羧生成多巴胺,多巴胺不易通过血-脑屏障,在外周引起不良反应;实际进入中枢神经系统的左旋多巴仅为用药量的1%左右,在脑内转变为多巴胺发挥治疗作用。

3.不良反应

(1)胃肠道反应:初期恶心、呕吐、食欲减退,长期偶见溃疡、出血和穿孔。

(2)心血管反应:体位性低血压、心律失常。

(3)运动障碍:不自主的异常运动,可有"开-关现象"。

(4)精神障碍:可能与多巴胺作用于大脑边缘叶有关。

(二)卡比多巴(carbidopa)

不易通过血脑-屏障,抑制外周多巴脱羧酶的活性。

是左旋多巴的重要辅助药,合用提高左旋多巴的疗效,减轻其外周的副作用,单用基本无药理作用。

(三)司来吉兰(selegiline)

选择性单胺氧化酶B型抑制剂。可在脑内使多巴胺代谢降低而使纹状体多巴胺增多,为帕金森病辅助治疗药。

(四)金刚烷胺(amantadine)

1.作用特点

(1)疗效不及左旋多巴,但优于胆碱受体阻断药。

(2)见效快,持续短,数天可达最大疗效。

(3)与左旋多巴合用有协同作用。

2.机制　促使纹状体内残存的完整多巴胺能神经元释放多巴胺,并能抑制多巴胺的再摄取,且有直接激动多巴胺受体的作用及较弱的抗胆碱作用。

(五)溴隐亭(bromocriptine)

溴隐亭是多巴胺受体激动剂。口服易吸收,可通过血脑-屏障。

小剂量主要激动结节漏斗部的多巴胺受体,用于产后停乳和催乳素分泌过多症。大剂量主要激动黑质-纹状体通路的多巴胺受体,用于治疗帕金森病。

二、中枢胆碱受体阻断药

苯海索(trihexyphenidyl,安坦)

1.抗震颤疗效好,但改善强直及运动迟缓较差,对某些继发性症状如过度流涎有改善作用。

2.不良反应

(1)外周抗胆碱作用引起口干、散瞳、尿潴留、便秘等。

(2)窄角型青光眼、前列腺肥大者慎用。

一、单选题

1. 下列能增加左旋多巴疗效的同时又减轻不良反应的药物是(　　)。

A.金刚烷胺　B.维生素 B_6　C.卡比多巴　D.利血平　E.溴隐亭

2. 溴隐亭治疗震颤麻痹(帕金森病)的作用机制是(　　)。

A.激动中枢多巴胺受体　B.直接补充脑内多巴胺　C.减少多巴胺降解

D.阻断中枢多巴胺受体　E.阻断中枢胆碱受体

3. 苯海索(安坦)的作用是(　　)。

A.激动中枢胆碱受体　B.直接补充脑内多巴胺　C.阻断中枢多巴胺受体

D.阻断中枢胆碱受体　E.激动中枢多巴胺受体

4.左旋多巴的作用机制是(　　)。

A.抑制多巴胺再摄取

B.在脑内转变为多巴胺补充不足

C.直接激动多巴胺受体

D.阻断中枢胆碱受体

E.阻断中枢多巴胺受体

5.下列有关卡比多巴的叙述哪项是错误的(　　)。

A.是外周多巴脱羧酶抑制剂　B.能提高左旋多巴的疗效

C.单用有抗震颤麻痹作用　D.能减轻左旋多巴的外周副作用

E.能提高脑内多巴胺的浓度

6.金刚烷胺治疗震颤麻痹的主要作用机制是(　　)。

A.转化为多巴胺而起作用　B.抗胆碱作用

C.阻断多巴胺受体　D.促进多巴胺释放

7.下列药物中哪一项是中枢性抗胆碱药(　　)。

A.阿托品　B.琥珀胆碱　C.山莨菪碱　D.苯海索　E.筒箭毒碱

二、多选题

1. 治疗帕金森病药可分为(　　)。

A.中枢多巴胺受体阻断剂　B.多巴胺脱羧酶激活剂

C.拟多巴胺类药　D.中枢胆碱受体阻断药

E.中枢胆碱受体激动药

2. 左旋多巴的特点有(　　)。

A.吸收快,需要药 2~3 周才显效　B.半衰期个体差异大

C.不产生精神障碍　D.合用维生素 B_6 可增加疗效

E.卡比多巴可减少左旋多巴的不良反应

三、简答题

简述左旋多巴治疗震颤麻痹(帕金森病)的主要不良反应及其防治?

（李　融）

第十五章　抗精神失常药

1.掌握氯丙嗪的药理作用、临床应用、不良反应及其防治。

2.熟悉丙咪嗪的药理作用、临床应用及不良反应。

3.了解其他抗精神失常药物的作用特点和临床应用。

1.*精神*　指心理活动,它包括感觉、思维、情感、意志、行为和语言等基本过程。

2.*精神失常*　是一类由多种原因引起的精神活动障碍的疾病。包括:

(1)精神分裂症:以思维障碍、情感障碍为最常见,临床表现为患者思维缺乏逻辑性,语言不连贯,还出现各种幻觉、妄想。治疗以氯丙嗪为代表。

(2)躁狂症:表现为情绪高涨、思维亢进、联想丰富、语言增多等。治疗以碳酸锂为代表。

(3)抑郁症:表现为情绪低落、语言减少、消极厌世,甚至企图自杀。治疗以丙咪嗪为代表。

(4)焦虑症:表现为紧张、焦虑、心悸、出冷汗、震颤及睡眠障碍等。治疗以地西泮为代表。

3.*抗精神失常药*　能够治疗精神失常的药物。根据临床用途,分四类:抗精神病药、抗躁狂症药、抗抑郁症药及抗焦虑症药。

脑内4条DA能神经通路:

(1)中脑-边缘系统通路。

(2)中脑-皮质通路:与精神、情绪、行为活动有关。

(3)黑质-纹状体通路:控制锥体外系运动功能,协调肌肉的随意运动。

(4)下丘脑-垂体通路:与调控下丘脑垂体前叶激素分泌有关。

第一节　抗精神病药

分类　根据化学结构的不同,可将其分为:

(1)吩噻嗪类,如氯丙嗪。

(2)硫杂蒽类,如氯普噻吨。

（3）丁酰苯类，如氟哌啶醇。

（4）其他类药，如氯氮平。

一、吩噻嗪类

（一）氯丙嗪（chlorpromazine，冬眠灵）

1.药理作用　原形物及代谢物由肾排。主要是阻断 DA-R，还可阻断α-R 和 M-R。

（1）对中枢神经系统的作用

①镇静和抗精神病安定作用：感情淡漠，对周围事物不感兴趣，在安静环境中易诱导入睡，但易觉醒。易产生耐受性。

机制：与阻断α_1-R 和 H_1-R 有关。

抗精神病作用：可消除幻觉、妄想、躁狂等症状，生活自理，恢复理智。需长期服药，无耐受性。

病因：与大脑内 DA 能神经功能过强有关，使 DA-R 中 D_2R 密度过高，DA 与 D_2R 结合产生兴奋 R 作用。

机制：氯丙嗪能选择性阻断中脑-皮质和中脑-边缘系统通路中 D_2R 而发挥抗精神病作用。氯丙嗪是 D_2R 的阻断剂。

②镇吐作用：有强大的镇吐作用。但对晕动病（晕车、晕船）引起的呕吐无效。

作用特点：小剂量能选择性抑制延脑催吐化学感受区（CTZ）的 D_2R；大剂量直接抑制呕吐中枢。

③影响体温调节：抑制下丘脑体温调节中枢，使体温调节失灵，体温随环境温度的变化而升降 。

特点：对正常或发热的体温均可降低，在低温环境（如冰敷）下，可使体温降至 34℃左右。

加强中枢抑制药的作用：氯丙嗪可加强麻醉药、镇静催眠药、镇痛药及乙醇的作用。合用时，应适当减少后者的用量。

④加强中枢抑制药的作用。

（2）自主神经系统的影响。

α- R 阻断作用：降低血压。

机制：①阻断α-R，翻转 AD 的升压效应；②抑制血管运动中枢；③直接扩张血管。

阻断 M-R 作用：大剂量出现口干、便秘、视力模糊、心动过速及尿潴留等不良反应。

（3）内分泌系统的影响

氯丙嗪阻断下丘脑垂体通路的 D_2R，使垂体内分泌的调节受到抑制。

抑制催乳素抑制因子——催乳素分泌增加。

促性腺激素释放。促皮质激素（Acth）。生长素分泌。

机制：下丘脑-垂体通路的 DA-R。

2.临床用途

（1）精神分裂症：有效率约 70%以上，不能根治。对精神病患者，该药不产生耐受性。

(2)各种疾病及药物(除晕动症外)引起的呕吐和顽固性呃逆。

(3)低温麻醉及人工冬眠。

(二)氯丙嗪、异丙嗪、哌替啶组成冬眠合剂

具有镇静、催眠、降温、抗休克作用。

用于高热惊厥、感染性休克及严重感染的辅助治疗。

临床上配合物理降温(如冰浴等),用于低温麻醉。

1.体内过程

(1)口服吸收不规则,2~4 小时达峰。

(2)脂溶性高,易透过血脑屏障,丘脑、海马等部位浓度高。

(3)主要经肝药酶代谢。

2.不良反应

(1)一般反应:嗜睡、困倦、视物模糊、口干、鼻塞、心悸、便秘、尿潴留、体位性低血压。

(2)锥体外系反应:长期大量使用氯丙嗪时最常见的副作用。

①帕金森综合征:最为多见,表现为肌肉震颤、肌张力增高、表情呆板(面具脸)、动作迟缓等。

②急性肌张力障碍:表现为口舌、面、颈部大幅度怪异动作。

机制:阻断黑质-纹状体通路的 D_2R。

③静坐不能:出现坐立不安,反复徘徊。

④迟发性运动障碍:表现为不自主的呆板运动(吸吮、舐舌、咀嚼等)及四肢舞蹈动作,停药后不消失。

(3)变态反应:皮疹、皮炎、肝损害、粒细胞减少。药源性精神异常。

(4)内分泌障碍:长期用药可见乳房增大、泌乳、排卵延迟、月经不调或停闭、儿童生长迟缓等。

3.禁忌症

(1)有癫痫史者禁用。

(2)昏迷者(特别是应用中枢抑制药后)禁用。

(3)严重肝功能损害者禁用。

二、硫杂恩类

氯普噻吨(泰尔登)

特点　作用与氯丙嗪相似。

(1)抗精神病作用不及氯丙嗪。

(2)镇静作用强于氯丙嗪。

(3)兼有抗抑郁作用。

适用于伴有焦虑或焦虑性抑郁的精神分裂症、神经官能症及更年期抑郁症。

三、丁酰苯胺类

氟哌啶醇(氟哌丁苯)为第二代,特点是:

1.抗精神病作用比氯丙嗪强50倍。

2.锥体外系反应高达80%。

3.镇吐作用明显。

4.降压、镇静作用小于氯丙嗪。

适用于以兴奋躁动、幻觉、妄想为主有精神分裂症及躁狂症。可致畸,孕妇禁用。

四、其他类

利培酮(risperidone,利司培酮)

为非典型抗精神病药,是新近研制的第二代抗精神病药,对Ⅰ型和Ⅱ型精神分裂症,包括急性和慢性患者均有效,对患者的认知功能障碍和继发性抑郁也具有较好的治疗作用。副作用少。

第二节 抗躁狂药

碳酸锂(lithium carbonate)

(一)临床应用

治疗躁狂症及精神分裂症的躁狂兴奋。

治疗躁狂抑郁症(manic-depressive psychosis),该病的特点是躁狂和抑郁的双向循环发生。碳酸锂主要用于抗躁狂,但有时对抑郁症也有效。

(二)不良反应

1.胃肠道反应 恶心、呕吐、腹泻等(与锂盐刺激黏膜有关)。

2.锂盐中毒 锂盐安全范围较窄,易出现中毒症状。

(1)临床表现:恶心、呕吐、腹痛、腹泻和细微震颤。较严重的毒性反应涉及神经系统,包括精神紊乱、反射亢进、明显震颤、发音困难、惊厥、直至昏迷与死亡。

(2)抢救措施:立即停药,洗胃导泻补充生理盐水,促锂盐排出。必要时进行血液透析。

第三节 抗抑郁药

一、三环类抗抑郁药(TCA):丙咪嗪、阿米替林、氯丙米嗪、多赛平

(一)药理作用

1.对中枢神经系统的作用:抗抑郁作用

机制:抑制NA、5-HT再摄取,从而使突触间隙的递质浓度增高,促进突触传递功能而发挥抗抑郁作用。

2.对植物神经系统的作用 明显阻断M受体:视力模糊、口干、便秘和尿潴留等。

3.对心血管系统的影响 降低血压,致心律失常,其中心动过速较常见。心电图可出现T波倒置或低平。对心肌有奎尼丁样直接抑制效应。阻断单胺类再摄取从而引起心肌中NA浓度增高有关。

(二)药理作用及临床应用

1.治疗抑郁症。

2.治疗遗尿症。

3.焦虑和恐怖症。

(三)不良反应

1.常见阿托品样作用 口干、扩瞳、视力模糊、便秘;乏力、肌肉震颤。

2.肝功能异常。

3.粒细胞缺乏。

4.从抑制转为躁狂状态。

(四)药物相互作用

1.增强中枢抑制药的作用。

2.对抗可乐定,胍乙啶的降压作用。

3.与苯海索或抗精神病药合用时,会加强抗胆碱效应。

4.与单胺氧化酶抑制药合用,NA增高致血压升高等不良反应。

二、单胺氧化酶抑制药(MAOI):苯乙肼

机制 不可逆性抑制MAO(A型和B型),并在一定程度上抑制单胺摄取。用药后单胺神经末梢突触间隙释放的单胺明显增多。

适应证 轻、中度抑郁症,包括抑郁性神经症,尤其适用于伴有焦虑的抑郁症。

作为非选择性MAO抑制剂,不良反应较多。

三、NA再摄取抑制药:马普替林

四、5-HT再摄取抑制药:氟西汀、帕罗西丁

氟西汀(amitriptyline,百忧解)

是一种强效选择性5-HT摄取抑制剂，比抑制NA摄取作用强200倍。对抑郁症的疗效与TCAs相当,耐受性与超量安全性优于TCA。此外该药对强迫症、贪食症亦有疗效。

一、名词解释

人工冬眠

二、填空

1.氯丙嗪等产生锥体外系反应的机制是_____。

2.氯丙嗪的抗精神病作用原理是阻断 _____和_____的_____受体而发挥作用的。

3.氯丙嗪镇吐作用机制为小剂量能_____，大剂量能_____。

4.氯丙嗪对内分泌系统的影响是由于_____。

5.碳酸锂的抗躁狂作用是通过_____，并能_____。

6.丙米嗪临床主要用于治疗_____和 _____。

7.丙米嗪抗抑郁作用机制是_____。

8.氯丙嗪慎用于有癫痫及惊厥史患者，是因为_____。

9.丙米嗪是属于_____类的_____药。

10.氯丙嗪是属于_____类的_____药。

11.碳酸锂中毒应输入_____，目的是 _____。

12.人工冬眠合剂除异丙嗪外尚有_____和_____。

13.氯丙嗪的主要用途为_____、_____、_____。

三、单选题

1.下列不属于氯丙嗪的药理作用项是(　　)。

A.抗精神病作用　　B.调节体温作用　　C.激动多巴胺受体

D.镇吐作用　　E.加强中枢抑制药作用

2.下述用于治疗伴有焦虑抑郁的精神分裂症的药物是(　　)。

A.氯丙嗪　　B.氟哌啶醇　　C.氟奋乃静　　D.硫利达嗪　　E.三氟拉嗪

3.氯丙嗪过量引起低血压应选用(　　)。

A.多巴胺　　B.异丙肾上腺素　　C.去甲肾上腺素

D.肾上腺素　　E.多巴酚丁胺

4. 碳酸锂主要用于治疗(　　)。

A.帕金森病　　B.精神分裂症　　C.躁狂症　　D.抑郁症　　E.焦虑症

5. 下列对锥体外系反应最轻的抗精神病药是(　　)。

A.氯氮平　　B.氟哌啶醇　　C.氟奋乃静　　D.氯丙嗪　　E.硫利达嗪

6.注射氯丙嗪引起体位性低血压的原因除外(　　)。

A.抑制血管运动中枢　　B.直接扩张血管　　C.阻断外周血管-受体

D.抗胆碱作用　　E.对心脏的抑制作用

7.丙咪嗪主要用于治疗(　　)。

A.躁狂症　B.精神分裂症　C.抑郁症　D.焦虑症　E.失眠

8.有关氯丙嗪的药理作用,下列哪项是正确的(　　)。

A.阻断受体及拟胆碱作用　B.过量引起低血压,可用肾上腺素治疗

C.抑制促性腺素分泌,增加催乳素分泌　D.抗精神病作用,不会产生耐受性。

E.兴奋 CTZ 因而可引起呕吐

四、多选题

1. 氯丙嗪长期应用常见的不良反应有(　　)。

A.锥体外系症状

B.嗜睡、乏力、口干、视力模糊

C.过敏反应有皮疹、粒细胞减少、肝损害等

D.恶心、呕吐、腹胀等

E.意识障碍

2. 氯丙嗪引起血压下降的机制是(　　)。

A.激动中枢 GABA 受体　B.阻断肾上腺素受体　C.直接舒张血管平滑肌

D.抑制血管运动中枢　E.激动 M 胆碱受体

3. 氯丙嗪镇吐作用特点是(　　)。

A.镇吐作用强　B.小剂量抑制催吐化学感受区

C.大剂量直接抑制呕吐中枢　D.对晕动病呕吐无效

E .顽固性呃逆无效

4.氯丙嗪的禁忌证有(　　)。

A.糖尿病患者　B.癫痫及惊厥史者　C.昏迷者

D.严重肝损害者　E.青光眼者

5.碳酸锂具有的特点是(　　)。

A.对正常人精神活动无影响　B.抗躁狂作用显著

C.不良反应较多　D.抗癫痫作用

E.安全范围窄

6.氯丙嗪降温作用的特点是(　　)。

A.降温作用随环境温度的变化而改变　B.使产热减少,不影响散热过程

C.降低正常与发热患者的体温　D.使产热和散热均减少

E.剂量越大,降温作用越明显

7.吩噻嗪类抗精神病药可具有以下哪些作用(　　)。

A.阻断中枢 D_2 受体　B.阻断外周 M 受体　C.阻断外周受体

D.激动外周受体　E.阻断 5-HT 受体

五、简答题

简述氯丙嗪引起锥外系反应的表现。

（李　融）

第十六章 镇痛药

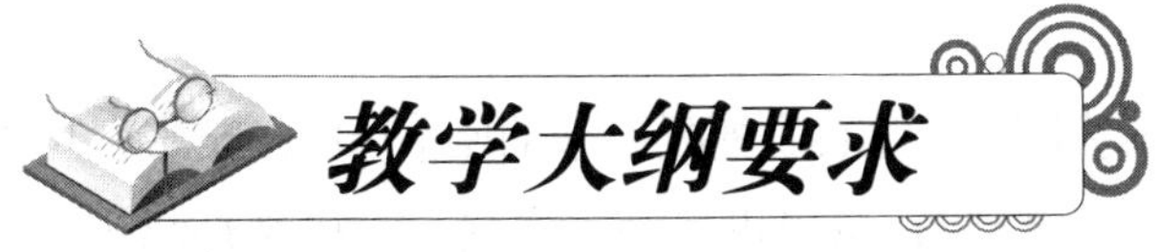

1. 掌握吗啡的药理作用、临床应用、不良反应及禁忌征。
2. 熟悉哌替啶的药理作用、临床应用及不良反应。
3. 了解其他镇痛药的作用特点。

镇痛药(analgesics)是一类主要作用于中枢神经系统，选择性地消除或缓解痛觉的药物。此类药镇痛作用强大，多用于各类剧痛，反复应用易致成瘾，又称为麻醉性镇痛药(narcotic analgesics)。典型的镇痛药为阿片生物碱类(吗啡、可待因)与人工合成品(哌替啶、阿法罗定、芬太尼、美沙酮、喷他佐辛、二氢埃托啡等)。

第一节 阿片类镇痛药

吗啡(morphine)：是阿片中的主要生物碱

(一)药理作用

1. 中枢神经系统

(1)镇痛：作用强大，对各类疼痛都有效。其镇静与欣快感可消除由疼痛引起的情绪反应，提高对疼痛的耐受力。镇痛机制系药物激动脊髓胶质区、丘脑内侧、脑室、导水管周围灰质的阿片受体，形成突触前抑制，减少递质(包括P物质)释放，阻断神经冲动传递而发挥镇痛作用。

(2)抑制呼吸：激动呼吸中枢的阿片受体，降低呼吸中枢对CO_2张力的敏感性，并可抑制呼吸调整中枢，使呼吸频率减慢，潮气量降低。

(3)镇咳：激动孤束核的阿片受体，抑制咳嗽中枢，产生镇咳作用。

(4)吗啡：可使瞳孔极度缩小，也可引起恶心、呕吐。

2. 心血管系统 吗啡作用于孤束核的阿片受体，使中枢交感张力降低，产生降压作用。该作用部分吗啡促进组胺释放有关。吗啡抑制呼吸，使体内CO_2蓄积，可扩张脑血管，使颅内压增高。

3. 平滑肌

(1)消化道:吗啡可兴奋胃肠平滑肌,提高其张力,产生止泻及致便秘作用;也可引起胆道奥狄括约肌痉挛性收缩,提高胆囊内压而导致上腹不适,甚至胆绞痛。

(2)提高膀胱括约肌张力,导致尿潴留;大剂量尚能收缩支气管。

(二)临床应用

吗啡的临床用途有:①各种急性锐痛、癌症剧痛、对心肌梗死引起的剧痛,血压正常者可以用。②心源性哮喘,吗啡配合应用强心苷、吸氧等措施,可以迅速缓解症状。其机制是吗啡扩张外周血管,降低外周阻力;同时其镇静作用可消除患者的紧张恐惧情绪,从而减轻心脏负荷;降低呼吸中枢对 CO_2 的敏感性,使急促、浅表的呼吸得以缓解。③阿片酊等制剂可用于急、慢性消耗性腹泻。

(三)体内过程

口服给药首过消除明显,生物利用度低。皮下、肌内注射吸收较好。

(四)不良反应

吗啡对中枢神经系统及消化道的影响可引起相应的不良反应,如恶心呕吐、便秘、排尿困难、胆绞痛、呼吸抑制等。连续反复应用易产生耐受性和成瘾。此时一旦停药,即出现戒断症状,常迫使成瘾者不择手段地去获得这类药物,危害极大。吗啡能通过胎盘或乳汁抑制胎儿或新生儿呼吸,同时能对抗催产素对子宫的兴奋作用而延长产程,故禁用于分娩止痛及哺乳妇女止痛。支气管哮喘、肺心病患者,颅脑外伤及肝功能严重减退者亦禁用。

可待因(codeine)其镇痛作用为吗啡的 1/12,镇咳作用为其 1/4,成瘾性也弱于吗啡。常用于缓解中等程度疼痛,也作为中枢性镇咳药应用。

第二节 人工合成镇痛药

一、哌替啶(pethidine),又名度冷丁(dolantin)

(一)药理作用

对中枢神经系统的影响与吗啡相似,但镇咳作用弱,且维持时间短。也有扩张外周血管及脑血管的作用。对平滑肌的影响与吗啡有所不同,不引起便秘,也无止泻作用;不对抗催产素对子宫的兴奋作用,故不延缓产程。

(二)临床应用

①各种剧痛,可用于分娩止痛,但临产前 2~4 小时内不宜用,以防抑制新生儿呼吸;治疗胆绞痛时,需合用阿托品;②麻醉前给药;③人工冬眠;④心源性哮喘。

二、芬太尼

镇痛作用较吗啡强 100 倍,用量小,作用迅速,维持时间短。可用于各种剧痛。与全麻药或局麻药合用,可减少麻醉药用量。外科小手术时,与氟哌啶醇合用有安定镇痛作用。本药成瘾性较小。

三、美沙酮

药理作用与吗啡相似但较弱。主要特点是口服与注射同样有效。其耐受性与成瘾性发生较慢,戒断症状略轻。适用于各种剧痛,也可作为戒除吗啡成瘾的替代药物。

四、曲马朵与布桂嗪

不属于阿片类镇痛药,但都有一定强度的镇痛作用。适用于急、慢性疼痛,久用也可能成瘾。

五、喷他佐辛(pentazocine)

成瘾性很小,在药政管理上已列入非麻醉品。其镇痛效力为吗啡的 1/3,呼吸抑制为吗啡的 1/2,口服后作用持续 5 小时以上。用于各种慢性剧痛。本药对心血管系统的影响与吗啡不同,大剂量引起血压升高,心率加快。

第三节　其他镇痛药

四氢帕马丁

镇痛作用弱于哌替啶,强于解热镇痛药,对于慢性持续性钝痛效果好。其镇痛作用与阻断脑内多巴胺受体有关。

第四节　阿片受体拮抗剂

纳洛酮与纳曲酮

是阿片受体拮抗剂,其本身无明显药理效应及毒性。但对吗啡成瘾者可迅速诱发戒断症状。对吗啡急性中毒者,可解救呼吸抑制及其他中枢抑制症状,使昏迷患者迅速复苏。此外,还是研究阿片受体的重要工具药。

一、填空

1.阿片受体激动剂有_____,阿片受体部分激动剂有_____,阿片受体阻断剂有_____,与阿片受体无关的镇痛药有_____。

2.吗啡急性中毒的最突出临床指征为 _____、_____和昏迷。

3.吗啡主要用于_____、_____和_____。

4.哌替啶的用途为 _____、_____、_____和_____。

5.罗通定的作用为_____和_____。

6.吗啡类镇痛药急性中毒解救用_____。

7.用于剧烈干咳的镇痛药为_____。

二、单选题

1.不属于哌替啶适应证的是(　　)。

A.术后疼痛　B.人工冬眠　C.心源性哮喘　D.麻醉前给药　E.支气管哮喘

2.吗啡可用于(　　)。

A.支气管哮喘　B.季节性哮喘　C.阿司匹林诱发的哮喘　D.心源性哮喘

3.吗啡不具有的症状是(　　)。

A.诱发哮喘　B.抑制呼吸　C.抑制咳嗽中枢　D.外周血管扩张　E.引起腹泻症状

4.心源性哮喘应选用(　　)。

A.肾上腺素　B.麻黄碱　C.异丙肾上腺素　D.哌替啶　E.氢化可的松

5.胆绞痛止痛应选用(　　)。

A.哌替啶　B.吗啡　C.可待因　D.哌替啶 + 阿托品

6.吗啡急性中毒致死的主要原因是(　　)。

A.呼吸麻痹　B.昏迷　C.缩瞳呈针尖大小　D.血压下降　E.支气管哮喘

7. 小剂量吗啡可用于(　　)。

A.分娩止痛　B.心源性哮喘　C.颅脑外伤止痛　D.麻醉前给药　E.人工冬眠

8. 喷他佐辛的主要特点是(　　)。

A.心率减慢　B.可引起体位性低血压　C.镇痛作用与吗啡相似　D.成瘾性很小,已列入非麻醉品　E.无呼吸抑制作用

9. 下列阿片受体拮抗剂是(　　)。

A.芬太尼　B.美沙酮　C.纳洛酮　D.喷他佐辛　E.哌替啶

10. 抢救吗啡急性中毒可用(　　)。

A.芬太尼　B.纳洛酮　C.美沙酮　D.哌替啶　E.喷他佐辛

11. 吗啡作用机制是(　　)。

A.阻断体内阿片受体　B.激动体内阿片受体　C.激动体内多巴胺受体

D.阻断胆碱受体　E.抑制前列腺素合成

三、多选题

1.吗啡的药理作用有(　　)。

A.镇痛、镇静　B.镇咳　C.抑制呼吸　D.止吐　E.体位性低血压

2. 可待因的作用特点有(　　)。

A.镇痛和镇咳作用较吗啡弱　B.镇静作用不明显

C.镇咳剂量对呼吸明显抑制　D.易引起便秘和体位性低血压

E.用于中等度疼痛的止痛和干咳

3.吗啡对中枢神经系统的作用有(　　)。

A.镇痛、镇静　B.呼吸抑制　C.镇咳　D.缩瞳　E.呕吐

4.哌替啶对中枢神经系统作用有(　　)。

A.镇痛、镇静　B.呼吸抑制　C.镇咳　D.缩瞳　E.呕吐

5.吗啡的不良反应有(　　)。

A.呼吸抑制　B.恶心、呕吐、便秘　C.白细胞、血小板减少

D.尿潴留　E.成瘾性

6.哌替啶优于吗啡的作用是(　　)。

A.镇痛作用比吗啡强　B.镇静作用弱　C.不易引起便秘

D.成瘾性比吗啡小　E.不引起体位性低血压

四、简答题

1.吗啡用于哪一种哮喘？为什么？

2.简述吗啡的主要药理作用及作用机制。

3.简述哌替啶的主要药理作用和作用机制。

（李　融）

第十七章　解热镇痛抗炎药和抗痛风药

1. 掌握解热镇痛抗炎药基本药理作用；阿司匹林的药理作用、临床应用、不良反应及药物相互作用。

2. 熟悉对乙酰氨基酚、布洛芬、秋水仙碱的药理作用及临床应用。

3. 了解其他药物的作用特点、临床应用及不良反应。

第一节　解热镇痛药的基本药理作用

解热镇痛抗炎药(antipyretic-analgesic and anti-inflammatory drugs)是一类具有解热、镇痛，大多数还有抗炎、抗风湿作用的药物。又称为非甾体抗炎药(non-steroidal anti-inflammatory drugs，NSAID)。阿司匹林是此类药物的代表。

一、药理作用

1. 解热作用　此类药物通过抑制中枢PG合成而发挥解热作用，因而仅降低发热者的体温，对正常体温几无影响。

2. 镇痛作用　有中等程度镇痛作用，常用于治疗慢性钝痛，其镇痛作用部位主要在外周，通过抑制炎症时PG的合成，减轻PG的致痛作用及痛觉增敏作用。

3. 抗炎作用　除苯胺类外，大多数解热镇痛药都有抗炎抗风湿作用，抑制炎症反应时PG合成，而缓解炎症反应，对控制风湿性及类风湿性关节炎的临床症状有肯定疗效，但不能根治，也不能防止疾病发展及并发症的发生。

二、作用机制

NSAID共同的作用机制是抑制环氧酶(cyclooxygenase，COX)，干扰体内前列腺素(PG)的生物合成。COX有COX-1和COX-2两种同工酶。COX-1为结构型，主要存在于血管、胃、肾等组织中，参与血管舒缩、血小板聚集、胃黏膜血流、胃黏液分泌及肾功能等的调节。COX-2为诱导型，多种损伤因子和细胞因子可诱导其表达，参与发热、疼痛、炎症等病理过程。NSAID 对 COX-2 的抑制作用为其治疗作用的物质基础，对 COX-1 的作用则成为其不良反应的原因。

第二节　常用解热镇痛抗炎药

NSAID 按化学结构分为水杨酸类、苯胺类、吡唑酮类及其他有机酸等四类，常用药物如下。

一、阿司匹林(aspirin)，又称乙酰水杨酸(acetylsalicylic acid)

(一)药理作用及临床应用

1.有较强的解热镇痛抗风湿作用，常用于各种慢性钝痛及感冒发热。对于急性风湿热患者能迅速改善其临床症状，并可用作鉴别诊断。是目前治疗风湿及类风湿性关节炎的首选药物，最好用至最大耐受量。

2.能使PG合成酶活性中心的丝氨酸乙酰化而失活，减少血栓素(TXA_2)的生成而抗血小板聚集及抗血栓形成。小剂量应用可较好地抑制 TXA_2 合成，而不致影响前列环素(PGI_2)合成。因而防治缺血性心脏病建议日服 50~75mg；防止脑血栓形成可日服 30~50mg。

(二)体内过程

1.口服小剂量(1g 以下)阿司匹林时，其代谢按一级动力学进行，半衰期约 2~3 小时。当用量≥1g时，其代谢方式变为零级动力学，半衰期延长至 15~30 小时，如剂量再增大，可出现水杨酸中毒。因而长期大量应用治疗风湿及类风湿性关节炎时，最好进行血药浓度监测，据此以确定给药剂量及间隔时间。

2.阿司匹林为弱酸性药物，当应用过量时，可采用碱化尿液的方式加速其排泄，降低其血药浓度。

(三)不良反应

1.胃肠道反应　较大剂量口服可引起胃溃疡及不易察觉的胃出血，与它抑制胃黏膜合成 PG 减少了内源性的黏膜保护因子有关。

2.凝血障碍　由于抑制血小板聚集可使出血时间延长，大剂量还能抑制凝血酶原形成，造成出血倾向。可用维生素 K 预防。

3.变态反应　除常见的过敏反应外，某些哮喘患者用药后可诱发“阿司匹林哮喘”。其发生机制为此类药抑制环氧酶，PG 合成受阻，但不影响脂氧酶，致使引起支气管收缩的白三烯增多，而诱发哮喘。

二、对乙酰氨基酚(acetaminophen，扑热息痛)

是非那西汀的体内代谢产物。其解热镇痛作用缓和持久，强度类似阿司匹林，但无明显抗炎抗风湿作用。常用于感冒发热及慢性钝痛。

三、布洛芬(ibuprofen)

抗炎、解热镇痛作用与阿司匹林近似,主要特点是胃肠道反应轻,患者易耐受。常用于治疗风湿及类风湿性关节炎。

四、吲哚美辛(indomethacin,消炎痛)

是最强的环氧酶抑制剂之一,有显著的抗炎及解热镇痛作用。由于不良反应多,仅用于其他药物疗效不显著的病例。主要治疗各类关节炎和强直性脊柱炎,对癌性发热及其他不易控制的发热常能见效。主要不良反应有胃肠道反应、头痛、眩晕、精神失常、血细胞减少及过敏反应,也可引起"阿司匹林哮喘"。

五、保泰松

抗炎抗风湿作用强而解热镇痛作用较弱。主要用于治疗风湿及类风湿关节炎、强直性脊柱炎。保泰松有促进尿酸排泄的作用,可用于急性痛风。其不良反应多且严重,已少用。

第三节　抗痛风药

别嘌呤醇能抑制尿酸生成,丙磺舒与苯溴马隆则抑制肾小管对尿酸的再吸收,增加尿酸排泄。秋水仙碱不直接影响尿酸,而是抑制痛风急性发作时的粒细胞浸润,减轻炎症反应。

一、名词解释

1.水杨酸反应

2.瑞氏综合征

二、填空

1.慢性痛风病应选用_____,急性痛风病应选用_____。

2.阿司匹林属于非_____类抗炎药,具有_______________作用,其作用机制是抑制___________,阻止_______的生成。

3.久服或使用大剂量水杨酸类药可引起胃肠道__________,其原因是由于直接刺激胃黏膜和抑制_____的生成,降低胃黏膜的_______作用。

4.抗痛风药主要通过__________或__________而降低血中_____水平达到治疗目的,常用药有__________和__________等。

三、单选题

1. 解热镇痛抗炎药作用机制是(　　)。
A.激动阿片受体　B.阻断多巴胺受体　C.促进前列腺素合成
D.抑制前列腺素合成　E.中枢大脑皮层抑制

2.下列不具有抗风湿作用的药物是(　　)。
A.吲哚美辛　B.阿司匹林　C.布洛芬　D.吡罗昔康　E.对乙酰氨基酚

3.解热镇痛药的降温特点主要是(　　)。
A.只降低发热体温,不影响正常体温　B.降低发热体温,也降低正常体温
C.降体温作用随环境温度而变化　D.降温作用需有物理降温配合
E.只能通过注射给药途径降温

4.布洛芬与阿司匹林比较主要特点是(　　)。
A.解热作用较强　B.镇痛作用较强　C.抗炎、抗风湿作用较强
D.胃肠道反应较轻　E.有明显的凝血障碍

四、多选题

1.阿司匹林胃肠道反应表现有(　　)。
A.恶心、呕吐　B.腹胀、腹痛　C.上腹不适　D.食欲不振　E.诱发胃溃疡

2.阿司匹林的水杨酸反应包括(　　)。
A.头痛、眩晕　B.耳鸣　C.恶心、呕吐
D.酸碱平衡失调　E.听、视力减退

3.对乙酰氨基酚药理作用包括(　　)。
A.解热　B.镇痛　C.抗炎、抗风湿
D.促进尿酸排出　E.防止血栓形成

4.减少阿司匹林胃肠道反应的防治措施有(　　)。
A.饭后服药　B.肠溶片　C.同服抗酸药　D.饭前服药　E.多饮水

5.阿司匹林的不良反应包括有(　　)。
A.水杨酸反应　B.过敏性哮喘　C.胃肠道反应　D.凝血障碍　E.荨麻疹

五、简答题

1.简述阿司匹林中毒引起的水杨酸反应的表现和抢救措施。

2.简述对乙酰氨基酚的药理作用及不良反应。

3.试比较吗啡与阿司匹林的镇痛作用和应用有哪些不同?

(李　融)

第十八章　抗心律失常药

1.掌握抗心律失常药的药物分类；奎尼丁、利多卡因、普罗帕酮、普萘洛尔、胺碘酮、维拉帕米的抗心律失常的作用特点、临床应用和主要不良反应。

2.熟悉抗心律失常药物对心肌电生理的影响；抗心律失常药的用药原则。

3.了解其他抗心律失常药的作用特点。

心律失常是心动频率和节律的异常。可分为两类，即缓慢型，包括心动过缓、传导阻滞等，用阿托品或异丙肾上腺素治疗；过速型，包括房性早搏、房性心动过速、心房颤动、心房扑动、阵发性室上性心动过速、室性早搏、室性心动过速及室性颤动等。

第一节　抗心律失常药对心肌电生理的影响和药物分类

一、正常心肌电生理

1.心肌细胞的动作电位(Ap)和静息电位(Rp)

2.心肌细胞电生理特性

(1)自律性:4 相自动去极化。

(2)传导性:①膜电位水平;②0 相去极速率。

(3)有效不应期(ERP)数值大:心肌不起反应的时间延长，不易发生快速型心律失常。

二、心律失常发生的电生理学机制

1.冲动形成障碍

(1)自律性增高:自律细胞 4 相除极速度加快，最大舒张电位变小或阈电位变大均可使冲动形成增多。

(2)后除极和触发活动:根据后除极发生的时间不同，可将其分为早后除极(EAD)和晚后除极(DAD)。

2.冲动传导障碍

（1）单纯性传导障碍：包括传导减慢、传导阻滞及单向传导阻滞。

（2）折返激动：指一个冲动沿着曲线的环形通路返回到其起源的部位，并可再次激动而继续向前传播的现象。是起引心律失常的重要原因之一。

三、抗心律失常药对心肌电生理的影响

1.降低自律性　通过增加最大舒张电位，或减慢4相自动除极速率，或上移阈电位等。

2.减少后除极与触发活动

（1）减少早后除极。

（2）减少晚后除极。

3.改变膜反应性而改变传导性，终止或取消折返激动

（1）增强膜反应性加快传导，取消单向传导阻滞，终止折返激动。

（2）降低膜反应性减慢传导，变单向阻滞为双向阻滞而终止折返激动。

4.延长不应期终止及防止折返的发生，影响不应期的三种情况

（1）延长APD、ERP，而以延长ERP更为显著，为绝对延长ERP。

（2）缩短APD、ERP，而以缩短APD更为显著，为相对延长ERP。

（3）使相邻细胞不均一的ERP趋向均一化。

四、抗心律失常药的分类

I类药　钠通道阻滞药，根据阻钠通道情况又分为Ⅰa、Ⅰb、Ⅰc类。

II类药　β-受体阻断药。

IV类药　延长复极（APD）的药物。

V类药　钙拮抗药。

其他类药　腺苷。

第二节　常用抗心律失常药

一、I类药：钠通道阻滞药

（一）Iα类药：奎尼丁，中度阻钠

1.药理作用　抑制心肌细胞膜上Na^+通道。

（1）降低自律性，减少异位起搏细胞4相Na^+内流。

（2）减慢传导、抑制0相Na^+内流。

（3）延长有效不应期，延长Na^+通道失活后复活时间，延长ERP。

（4）抗胆碱、阻断α受体、大量抑制心脏和抑制Ca^{2+}。

2.临床应用　广谱。

（1）房颤、房扑复律治疗。

(2)转复和预防室上性、室性心动过速。

(3)频发性室上性和室性早搏。

3.体内过程 口服吸收快、安全、生物利用度80%,心肌中药物浓度为血浆的10倍,与血浆结合率为80%,10%~20%原形肾排出。

4.不良反应 多、安全范围窄。

(1)金鸡纳反应:表现消化系统症状和神经系统症状。

(2)心血管方面反应:尖端扭转型室性心动过速等。

普鲁卡因胺

特点及应用 为广谱抗心律失常药,作用与奎尼丁相似,但较弱,无α受体阻断及抗胆碱作用。主用于室性早搏、室性心动过速和急性心肌梗死的室性心律失常。

(二)Ⅰb类药物:轻度阻钠

利多卡因

抑制Na^+内流,促进K^+外流。

1.药理作用

(1)在极低浓度时能减慢浦肯野纤维自律性,提高心室致颤阈。

(2)治疗量时对浦肯野纤维传导无明显影响。

①在心肌缺血时传导明显减慢。

②血K^+降低时,促进K^+外流,引起超极化,可加速传导。

(3)大剂量时则减慢传导,甚至出现完全传导阻滞。

(4)相对延长有效不应期,有利消除折返激动,促进3相K^+外流。

2.临床应用 只用于室性心律失常,是安全有效的药物。

(1)首选于急性心肌梗死患者的室性早搏、室性心动过速及心室颤动。

(2)器质性心脏病引起的室性心律失常,如洋地黄中毒、外科手术,特别是危急病例者。

3.体内过程

(1)首关消除明显,不宜口服。

(2)一般给药短效20分钟。

4.不良反应 较轻。

(1)神经系统反应:如头晕、嗜睡,大量时致惊厥等。

(2)心血管反应:大量致心脏抑制、血压下降等。

苯妥英钠

1.特点及应用

(1)作用、用途、不良反应似利多卡因,但不抑制传导。

(2)能与强心苷竞争Na^+-K^+-ATP酶,抑制强心苷中毒所致的晚后除极及触发活动。

(3)主用于强心苷中毒所致的室性心律失常和伴有房室传导阻滞的室上性心动过速及其他原因引起的室性心律失常。

美西律

特点及应用　作用、用途均与利多卡因相似，可口服、作用持久、安全范围窄，不首选。

（三）Ⅰc类：重度阻钠，明显抑制传导，对复极影响小。降低浦肯野纤维自律性，延长ERP。由于病死率高，一般不用，只用于危及生命的室性心动过速。

普罗帕酮（心律平）

特点及应用

（1）能降低浦肯野纤维及心室肌自律性，传导减慢，延长ERP和APD。还阻断β受体和阻滞Ca^{2+}通道。

（2）用于室上性及室性早搏、心动过速及预激综合征等。

（3）心血管反应严重。

二、Ⅱ类药：β肾上腺素受体阻断药

普萘洛尔（心得安）

作用特点及应用

（1）阻断β受体、抑制交感神经兴奋时的各种作用。

（2）大剂量膜稳定作用。

（3）适用于室上性心律失常，尤其对交感神经兴奋有关的各种室上性心律失常较好。对运动、情绪激动、甲亢、嗜铬细胞瘤、折返性室上性心动过速均有效。

美托洛尔

特点及应用

（1）选择性β_1受体阻断药，作用似普萘洛尔较弱，对儿茶酚胺诱发的室性、室上性心律失常疗效较好。

（2）主用于治疗高血压、心绞痛、心肌梗死等引起的严重心律失常。

三、Ⅲ类药：选择性延长复极的药物

胺碘酮：广谱、安全、有效、持久。

1.药理作用　阻滞Na^+、K^+通道。阻断α、β受体及T_3、T_4与其受体结合。

（1）降低窦房节和浦氏纤维的自律性。抑制Na^+、K^+通道，阻断β有关。

（2）减慢房室结和浦氏纤维的传导速度。心室>心房作用。

（3）延长心房肌和浦氏纤维的APD和ERP，与抑制K^+、对抗T_3、T_4与受体结合有关。

（4）松弛血管平滑肌、扩张冠状A、降低外周阻力、降低心肌耗氧量、保护缺血心肌。

2.临床应用　各种室上性及室性心律失常均有很好的疗效。

3.不良反应　与剂量、给药时间成正比。

（1）过量：主要是心动过缓，也有尖端扭转型室性心动过速、室颤。

（2）长期用：角膜微粒沉淀，面部色素沉着，肺间质纤维化改变，为严重而又罕见。

（3）对碘过敏不用，久用应检查甲状腺功能，测T_3、T_4血浓度。

索他洛尔

特点及应用

(1)为选择性阻断钾通道药,非选择阻断β受体。

(2)延长APD、ERP对传导无影响。

(3)用于各种心律失常。

(4)不良反应发生率较低,也可引起尖端相转型心动过速及其他心血管反应症状。

四、Ⅳ类药:钙拮抗药(窄谱),主用于室上性心动过速

常用维拉帕米、地尔硫䓬

1.药理作用 阻断 Ca^{+}通道。

(1)降低自律性,抑制慢反应细胞,4相舒张期除极速率。

(2)减慢传导,抑制动作电位O相最大上升速率和振幅。

(3)延长ERP,消除折返。

(4)阻断α受体及扩张冠状动脉及外周血管,除心脏负荷、耗氧↓。

2.临床应用

(1)静脉注射治疗阵发性室上性心动过速,效果极佳,首选。

(2)房颤、房扑可减慢心室率有良效。

(3)房性心动过速。

3.不良反应 静脉注射快,引起心动过缓,传导阻滞,血压下降等。

五、其他类药

腺苷

特点及应用

(1)腺苷激活腺苷受体→激活与G蛋白偶联的 K^{+}通道;K^{+}外流↑→细胞超极化→自律性降低。

(2)CAMP↑,不应期延长,传导减慢,抑制早后晚后除极。

(3)扩张血管,抑制缺血区 Ca^{2+}内流,增加能量产生。

(4)用于阵发性室上性心动过速。(含尖端扭转性心速)。

第三节　快速型心律失常的药物选用

一、窦性心动过速:β-R阻断药,也可用维拉帕米。

二、心房纤颤,心房扑动

1.转为窦性心律用 奎尼丁(先用强心苷)或与β受体阻断药合用。

2.预防复发 单用胺碘酮。

3.控制心频率用强心苷或加用维拉帕米或β-R阻断药。

三、室性早搏首选β-R阻断药、维拉帕米、胺碘酮，次选奎尼丁

四、阵发性室上性心动过速：兴奋迷走神经，维拉帕米、普萘洛尔、胺碘酮。

五、室性早搏：首选普鲁卡因胺、美西律、妥卡尼；急性心肌梗死引起用利多卡因，强心苷中毒用苯妥英钠

六、阵发性室性心动过速：利多卡因、普鲁卡因胺、美西律

七、心室纤颤：利多卡因、普鲁卡因胺

一、单选题

1.对强心苷类药物中毒所致的心律失常最好选用(　　)。

A.奎尼丁　B.普鲁卡因胺　C.苯妥英钠　D.胺碘酮　E.妥卡尼

2.对阵发性室上性心动过速最好选用(　　)。

A.维拉帕米　B.利多卡因　C.苯妥英钠　D.美西律　E.妥卡尼

3.急型心肌梗死所致的室速或是室颤最好选用(　　)。

A.苯妥英钠　B.利多卡因　C.普罗帕酮　D.普萘洛尔　E.奎尼丁

4.早期用于心肌梗死患者可防止室颤发生的药物(　　)。

A.利多卡因　B.普萘洛尔　C.维拉帕米　D.苯妥英钠　E.奎尼丁

5.可引起金鸡纳反应的抗心律失常药(　　)。

A.丙吡胺　B.普鲁卡因胺　C.妥卡尼　D.奎尼丁　E.氟卡尼

6.可轻度抑制0相钠内流，促进复极过程及4相K^+外流，相对延长有效不应期，改善传导，而消除单向阻滞和折返的抗心律失常药(　　)。

A.利多卡因　B.普罗帕酮　C.普萘洛尔　D.胺碘酮　E.维拉帕米

7.能阻断α受体而扩张血管，降低血压，并能减弱心肌收缩力的抗心律失常药是(　　)。

A.普鲁卡因胺　B.丙吡胺　C.奎尼丁　D.普罗帕酮　E.普萘洛尔

8.胺碘酮不具有哪项作用(　　)。

A.阻滞4相Na^+内流，而降低浦氏纤维的自律新性

B.抑制0相Na^+内流，减慢传导

C.阻滞Na^+内流和K^+外流，延长心房肌、房室结、心室肌及浦氏纤维的APD和ERP，消除折返激动

D.抑制Ca^{2+}内流，降低窦房结、房室结的自律性

E.阻滞Na^+内流，促进K^+外流，相对延长所有心肌组织的ERP

9.关于普罗帕酮叙述错误的是(　　)。

A.重度阻滞4相Na^+内流,降低自律性

B.延长APD和ERP,消除折返

C.阻滞钠通道,减慢传导

D.阻断β受体,减慢心率,抑制心肌收缩力,扩张外周血管

E.有轻度普鲁卡因样局麻作用

10.普萘洛尔不具有的作用(　　)。

A.阻断心脏β受体,降低窦房结,房室结的自律性

B.大剂量或高浓度是可抑制窦房结及浦氏纤维的传导

C.治疗量时可促进K^+外流,缩短APD和ERP相对延长ERP

D.治疗量时可产生膜稳定作用,延长APD和ERP

E.高浓度或大剂量时可产生膜稳定作用,而延长APD和ERP

11.禁用于慢性阻塞性支气管病患者的抗心律失常药物(　　)。

A.胺碘酮　B.普萘洛尔　C.普鲁卡因胺　D.利多卡因　E.苯妥英钠

12.易引起药热、粒细胞减少和红斑狼疮综合征等过敏反应的抗心律失常药物(　　)。

A.普鲁卡因胺　B.维拉帕米　C.利多卡因　D.普罗帕酮　E.普萘洛尔

13.室性早搏可首选(　　)。

A.普萘洛尔　B.胺碘酮　C.维拉帕米　D.利多卡因　E.苯妥英钠

14.利多卡因对下列哪种抗心律失常无效(　　)。

A.室颤　B.室性早搏

C.室上性心动过速　D.心肌梗死所致的室性早搏

E.强心苷中毒所致的室性早搏

15.下列抗心律失常药不良反应中,哪一项叙述是错误的(　　)。

A.丙吡胺可致口干、便秘及尿潴留

B.普鲁卡因胺可引起药热、粒细胞减少

C.利多卡因可引起红斑狼疮综合征

D.普罗帕酮可减弱心肌收缩力,诱导急性左心衰竭,或心源性休克

E.胺碘酮可引起间质性肺炎、肺泡纤维化

二、多选题

1.决定心肌自律性的因素包括(　　)。

A.阈电位水平　B.最大舒张电位　C.动作电位时程

D.4相自动除极速率　E.以上都不是

2.心肌慢反应细胞主要指(　　)。

A.窦房结　B.浦肯野纤维　C.房室结　D.心房肌　E.心室肌

3.早后除极与下列哪些因素有关(　　)。

A.低K^+　B.Ca^{2+}内流增加　C.最大舒张电位降低

D.复极时间过长　E.心动过缓

4.下列关于普鲁卡因胺的叙述,正确的是(　　)。

A.属 Ib 类抗心律失常药　　B.常用于室性心动过速　　C.可作局部麻醉药用

D.起效比奎尼丁快　　E.快代谢者易发生红斑狼疮综合征

5.治疗浓度延长快反应细胞 APD 的药物(　　)。

A.普罗帕酮　B.普鲁卡因胺　C.维拉帕米　D.利多卡因　E.普萘洛尔

6.胺碘酮抗心律失常的基本作用是(　　)。

A.延长 APD　　B.减慢传导速度　　C.降低自律性

D.增加冠脉血流量　　E.延长 ERP

7.广谱抗快速型心律失常药有(　　)。

A.利多卡因　B.苯妥英钠　C.氟卡尼　D.胺碘酮　E.奎尼丁

8.可用于治疗心房纤颤的药物(　　)。

A.去乙酰毛花苷　　B.普萘洛尔　　C.胺碘酮

D.维拉帕米　　E.奎尼丁

9.慎用或禁用维拉帕米的情况是(　　)。

A.正在使用胺碘酮的患者

B.室上性心动过速合并高血压的患者

C.Ⅱ、Ⅲ度房室传导阻滞的患者

D.急性心肌梗死引起室性期前收缩的患者

E.预激旁路引起预激综合征的心律失常患者

10.胺碘酮的药理作用是(　　)。

A.抑制 Na^+内流,降低快反应细胞自律性和传导性

B.抑制 K^+外流,延长 APD 和 ERP

C.抑制 Ca^{2+}内流,降低慢反应细胞自律性和传导性

D.非竞争性阻断α受体,扩张血管平滑肌

E.非竞争性阻断β受体,减少心肌耗氧量

三、简答题

简述抗心律失常药的基本电生理作用。

（李　融）

第十九章　利尿药和脱水药

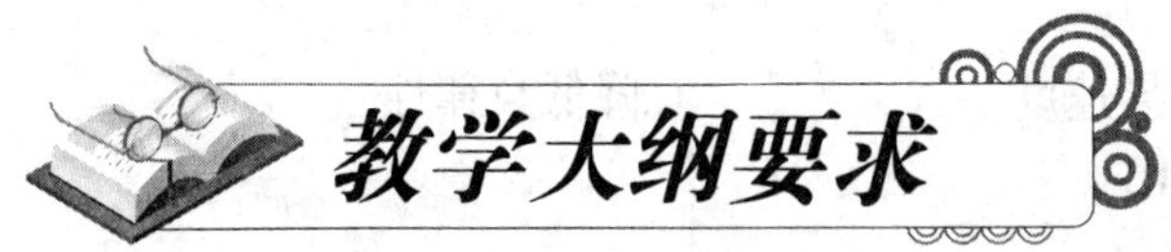

1. 掌握呋塞米、氢氯噻嗪、螺内酯、氨苯蝶啶和甘露醇的药理作用、临床应用、不良反应及其防治。

2. 熟悉脱水药山梨醇、葡萄糖的作用特点。

3. 了解脱水药的共同特点及临床应用。

第一节　利尿药

一、高效利尿药

呋塞米(furosemide，速尿)，利尿酸，布美他尼

1.作用部位　髓袢升支粗段髓质部和皮质部。

2.作用机制　特异性的与 Cl^-竞争 K^+–Na^+– $2Cl^-$ 共同转运系统的 Cl^-结合位点，抑制 NaCl 的重吸收。

3.药理作用

(1)利尿：尿量增加，Cl^-、K^+ 、Na^+、Mg^{2+}、Ca^{2+}排泄增加。

(2)扩张肾血管，增加肾血流量。

(3)扩张小动脉，可能与促进前列腺素合成有关。

4.临床应用

(1)严重水肿，经其他治疗无效时，可选用高效利尿药。

(2)急性肺水肿和脑水肿

①利尿 → 血容量减少 → 回心血量减少 → 心脏前负荷降低。

②扩张小动脉 → 心脏后负荷降低。

③扩张肺血管 → 肺渗出减少 → 肺淤血减轻。

5.体内过程　经近曲小管有机酸分泌机制分泌，随尿排泄。

6.不良反应

(1)水、电解质紊乱:常为过度利尿引起。

(2)耳毒性:可能与药物引起内耳淋巴液电解质成分改变而损伤耳蜗管基底膜毛细胞有关,呈剂量依赖性。利尿酸最甚,故少用。

(3)高尿酸血症:与尿酸竞争有机酸分泌机制,使尿酸排泄减少。

二、中效利尿药

氢氯噻嗪(hydrochlorothiazide),氯噻嗪

1.作用部位　髓袢升支粗段皮质部及远曲小管近端。

2.药理作用

(1)利尿:尿量增加,Cl^-、K^+、Na^+排泄增加,但Ca^{2+}排泄减少,因可提高远曲小管对Ca^{2+}的重吸收,故可治疗特发性高尿钙症伴尿结石。

(2)抗尿崩症

①抑制 PDE→细胞内 cAMP 增加→远曲小管对水的通透性增加。

②排出增加→血浆晶体渗透压降低→口渴感减轻→饮水减少→尿量减少

故氢氯噻嗪的抗尿崩症作用是在用药 2 天排除大量 NaCl 后开始出现的。

(3)抗高血压:详见 26 章。

3.临床应用

(1)水肿　为轻度心性水肿的首选药。

(2)高血压

(3)尿崩症、特发性高尿钙症伴尿结石等。

4.不良反应

(1)水、电解质紊乱

(2)潴留现象:高钙血症、高尿酸血症等,痛风者慎用。

(3)高血糖及高血脂。

三、低效利尿药

螺内酯(spironolactone),氨苯蝶啶

1.作用部位　远曲小管及集合管。

2.作用机制

螺内酯:竞争性醛固酮拮抗剂,竞争醛固酮受体,抑制Na^+-K^+交换,保K^+排Na^+利尿。

氨苯蝶啶:直接抑制Na^+-K^+交换。

3.临床应用

(1)与高、中效利尿药合用,防止低血钾。

(2)肝性、肾性水肿:常伴有继发性醛固酮增多。

第二节 脱水药

甘露醇(mannitol)、山梨醇、葡萄糖(50%)、尿素

(一)特点

1.静脉注射后不易通过毛细血管进入组织。

2.易经肾小球滤过。

3.不易被肾小管再吸收。

4.在体内不被代谢。

(二)药理作用

1.脱水

2.利尿

(三)临床应用

1.脑水肿 首选甘露醇。

2.青光眼。

3.预防急性肾衰竭。

(四)不良反应

血容迅速增加,慢性心功不全者慎用。

一、名词解释

1.利尿药

2.脱水药

二、填空

1.高效利尿药有______、______和______;利尿作用的部位在______。

2.具有保钾作用的利尿药是______、______和______。

3.噻嗪类利尿药作用于______,抑制该部位______共同转运系统而利尿。

4.噻嗪类利尿药主要用于______、______和______。

5.临床常用的脱水药是______、______和______。

6.呋塞米的不良反应包括______、______、______。

7.乙酰唑胺可用于治疗______和______。

三、单选题

1. 下列利尿作用最强的药物是(　　)。
A.呋塞米　B.氨苯蝶啶　C.布美他尼　D.依他尼酸　E.乙酰唑胺

2. 下列作用于远曲小管前段皮质部，抑制 Na^+-Cl^-重吸收的药物是(　　)。
A.呋塞米　B.螺内酯　C.氢氯噻嗪　D.乙酰唑胺　E.氨苯蝶啶

3. 常用于抗高血压的利尿药是(　　)。
A.氨苯蝶啶　B.乙酰唑胺　C.呋塞米　D.螺内酯　E.氢氯噻嗪

4. 下列与呋塞米合用易增强耳毒性的抗生素类是(　　)。
A.林可霉素类　B.β内酰胺类　C.四环素类　D.大环内酯类　E.氨基糖苷类

5. 能与醛固醇竞争拮抗的利尿药是(　　)。
A.乙酰唑胺　B.螺内酯　C.氢氯噻嗪　D.氨苯蝶啶　E.依他尼酸

6. 引起血钾升高的利尿药是(　　)。
A.氢氯噻嗪　B.氨苯蝶啶　C.乙酰唑胺　D.呋塞米　E.依他尼酸

7. 伴有血糖升高的水肿患者不宜用(　　)。
A.乙酰唑胺　B.氢氯噻嗪　C.螺内酯　D.氨苯蝶啶　E.呋塞米

8. 下列最易引起水电解质紊乱的药物是(　　)。
A.氢氯噻嗪　B.呋塞米　C.螺内酯　D.氨苯蝶啶　E.乙酰唑胺

9. 脑水肿患者不宜用(　　)。
A.呋塞米　B.甘露醇　C.依他尼酸　D.山梨醇　E.螺内酯

四、多选题

1. 可引起低血钾的利尿药有(　　)。
A.氨苯蝶啶　B.螺内酯　C.呋塞米　D.氢氯噻嗪　E.乙酰唑胺

2. 下列用于降低眼内压的药物是(　　)。
A.螺内酯　B.氢氯噻嗪　C.乙酰唑胺　D.呋塞米　E.甘露醇

3. 呋塞米临床用于(　　)。
A.急性肺水肿　B.急性肾衰竭、少尿　C.青光眼
D.脑水肿　E.药物中毒

4. 氢氯噻嗪主要不良反应是(　　)。
A.高血糖　B.高尿酸血症　C.高血钾　D.耳毒性　E.低血钾

5. 甘露醇的临床应用是(　　)。
A.肺水肿　B.脑水肿　C.青光眼
D.肝性水肿　E.预防急性肾衰竭

6. 螺内酯的主要不良反应是(　　)。
A.引起低钾血症　B.引起高钾血症　C.性激素样作用
D.引起高钙血症　E.性功能障碍

7. 呋塞米的主要不良反应是(　　)。
A.减少 K^+排泄　B.耳毒性　C.高尿酸血症
D.水和电解质紊乱　E.胃肠道反应

五、简答题

1.简述常用利尿药的分类,各类利尿药的主要作用部位。

2. 呋塞米的利尿作用特点及其临床应用。

3. 氢氯噻嗪的利尿作用特点及其临床应用。

（李　融）

第二十章　抗高血压药

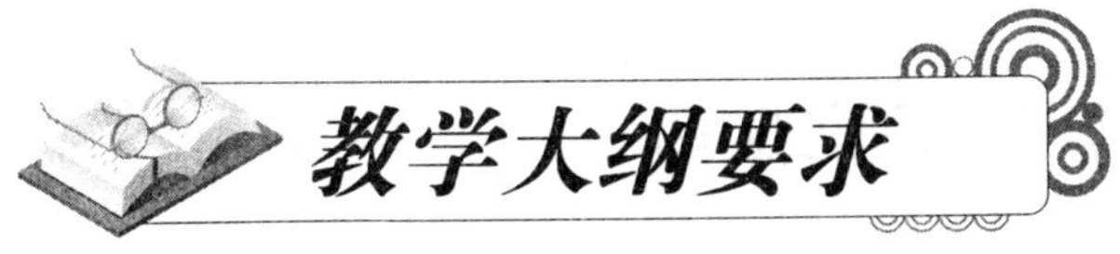

1.熟悉抗高血压药的分类。

2.掌握常用抗高血压药的作用、不良反应。

第一节　抗高血压药分类

一、利尿药

1.噻嗪类利尿药(氢氯噻嗪)

2.襻利尿药(呋塞米)

3.保钾利尿药(螺内酯、氨苯蝶啶)

二、钙通道阻滞药

硝苯地平、维拉帕米

三、肾素-血管紧张素系统抑制药

1.血管紧张素Ⅰ转化酶抑制药(卡托普利、依那普利、雷米普利等)

2.血管紧张素Ⅱ受体阻断药(氯沙坦、替米沙坦、缬沙坦)

3.肾素抑制药(雷米克林等)

四、交感神经抑制药

1.中枢性降压药(甲基多吧、可乐定等)

2.神经节阻断药(樟磺咪芬等)

3.去甲肾上腺素能神经末梢阻滞药(利血平、胍乙啶等)

4.肾上腺素受体阻断药

(1)β受体阻断药(普萘洛尔、美托洛尔等)

(2)α_1受体阻断药(哌唑嗪等)

(3)α及β受体阻断药(拉贝洛尔、卡维地尔等)

五、血管扩张药

1.直接舒张血管平滑肌药(肼屈嗪、硝普钠等)

2.钾通道开放药(二氮嗪、米诺地尔等)

第二节 常用抗高血压药

一、利尿药

氢氯噻嗪 能对抗长期利用其他降压药引起的水、钠潴留,作为基础降压药,加强其他降压药的作用,对正常血压无影响。单独应用是治疗轻度高血压的首选药,剂量应小,对中重度高血压,常作为基础降压药与其他降压药合用,小剂量应用无明显不良反应,但长时间应用可出现低血钾、低血钠、低血镁、高血糖、高血脂、高尿酸和血浆肾素活性升高。

二、肾素-血管紧张素系统抑制药(ACEI)

(一)血管紧张素Ⅰ转化酶抑制药

卡托普利

1.降压的特点

(1)降压时不伴有反射性心率加快,对心输出量无明显影响。

(2)降低肾血管阻力,增加肾血流量。

(3)无直立性低血压。

(4)能增强胰岛素敏感性、改善胰岛素抵抗,不引起电解质紊乱和脂质代谢改变。

(5)减少醛固酮释放,减轻水钠潴留。

2.临床应用 高血压,无耐受性,不引起停药反应及反跳现象。

3.不良反应 干咳、低血压及其他(皮疹、瘙痒、嗅觉障碍等,可补锌克服)。

类似药还有*培哚普利、贝那普利等,与卡托普利比较,有高效、长效、低毒的特点。*

(二)血管紧张素Ⅱ受体阻断药

氯沙坦

(1)临床用于高血压,适用于不同年龄的高血压患者,对伴有糖尿病、肾病和慢性心功能不全患者有良好疗效。主要用于不能耐受 ACEI 所致干咳的患者,若用药 3~6 周后血压下降不明显,可加用利尿药。

(2)慢性心功能不全,孕妇、哺乳期妇女不宜使用。

(三)肾素抑制药(雷米克林、依那克林)

是一类新型抗高血压药,对不宜用 ACEI 的患者可试用。

三、钙通道阻滞药

硝苯地平、维拉帕米 硝苯地平用于各型高血压,适用于合并冠心病、肾脏疾病、哮喘和高脂

血症的患者,尤其适用于低肾素型高血压,也可用于高血压危象。

四、β受体阻断药(普萘洛尔、美托洛尔等)

普萘洛尔 单独应用可治疗轻中度高血压,也可与噻嗪类利尿药及血管扩张药合用,治疗中重度高血压,有效率达80%。

第三节 其他抗高血压药

一、中枢性抗高血压药

可乐定 适用于中度高血压,适用于肾性高血压或兼有消化性溃疡的高血压患者。

二、神经节阻断药

不良反应严重,现已少用。

三、去甲肾上腺素能神经末梢阻滞药利血平

因副交感神经兴奋和中枢抑制,长期使用易发生消化性溃疡、精神抑郁等不良反应,除应用其复方制剂治疗轻中度高血压外,现已很少单使用。

四、α_1受体阻断药

哌唑嗪 主要适用于轻中度高血压及伴有肾功能不全或心功能不全的患者。也适用于伴有高脂血症、痛风和糖尿患者。

不良反应:有乏力、口干、鼻塞。首剂现象,若首次剂量在睡前仅服0.5mg,可避免此现象发生。

五、血管扩张药

1.肼屈嗪 降压时反射性交感神经兴奋,出现心率加快、心输出量增多、血浆肾素活性增高而致水、钠潴留,使疗效降低、副作用增加,极少单独使用,常与其他降压药合用治疗中度高血压,适用于肾性高血压及舒张压较高的重度高血压患者。

2.硝普钠 适用于高血压急症的治疗,如高血压危象、高血压脑病、恶性高血压、嗜铬细胞瘤手术前后阵发性高血压的紧急降压。也可用于麻醉期间控制降压和治疗急性心功能不全。

第四节 抗高血压药物治疗的新概念

1. 根据高血压程度及保并症选药

2. 确切有效治疗与终生治疗

3. 平稳持续降压

4. 保护靶器官

5. 联合用药

6. 个体化治疗方案

习题

一、填空

1.用于治疗高血压病的血管紧张素Ⅱ受体阻断药是______。

2.合并消化性溃疡的高血压患者宜选用______而不选用______治疗。

3.依那普利是______抑制剂。

4.哌唑嗪通过阻断______受体,引起血压下降。

二、单选题

1.高血压合并支气管哮喘者不宜选用(　　)。

A.氢氯噻嗪　B.利血平　C.卡托普利　D.普萘洛尔　E.拉贝洛尔

2.对α和β受体均有阻断作用的药是(　　)。

A.酚妥拉明　B.普萘洛尔　C.拉贝洛尔
D.去甲肾上腺素　E.哌唑嗪

3.哌唑嗪的降压机制是(　　)。

A.兴奋突触前膜α_2受体
B.阻断突触后膜α_1受体
C.兴奋突触前膜α_2受体和突触后膜α_1受体
D.阻断突触前膜α_2受体
E.以上均不是

4.有关α甲基多巴的叙述下列哪项是错误的(　　)。

A.兴奋延脑孤束核α_1受体　B.降低肾素活性　C.口服后可透过血、脑屏障
D.有过敏反应　E.用于治疗肾性高血压

5.卡托普利降压机制是(　　)。

A.阻断β受体　B.抑制血管紧张素转换酶　C.抑制 COMT
D.耗竭交感神经末梢递质　E.激动咪唑啉受体

6.对伴有肾功能不全的中度高血压患者用α甲基多巴治疗优于可乐宁是由于(　　)。

A.降压作用较可乐宁强　B.不减少肾血流量及肾小球滤过率
C.无可乐宁的水钠潴留现象　D.无可乐宁的先升压后降压作用
E.降压作用较可乐宁持久

7.治疗心律失常和高血压均有效的药物是(　　)。

A.普萘洛尔　B.肼屈嗪　C.拉贝洛尔　D.利血平　E.硝普钠

8.治疗肾素型高血压病首选药是(　　)。

A.肼屈嗪　B.胍乙啶　C.利血平　D.卡托普利　E.氢氯噻嗪

9.中枢降压药是(　　)。

A.α甲基多巴　B.利血平　C.哌唑嗪　D.肼屈嗪　E.氯沙坦

10.氯沙坦降压作用原理是阻断以下哪个受体引起的(　　)。

A.α受体　B.β受体　C.AT_1受体　D.AT_2受体　E.I_1受体

11. 高血压危象及高血压脑病宜选用(　　)。

A.普萘洛尔　B.卡托普利　C.硝普钠　D.硝苯地平　E.氢氯噻嗪

12 高血压合并糖尿病或痛风者不宜选用(　　)。

A.卡托普利　B.氢氯噻嗪　C.普萘洛尔　D.哌唑嗪　E.胍乙啶

三、多选题

1.有关硝普钠作用特点正确的叙述是(　　)。

A.降压作用迅速、短暂　B.降压作用明显　C.主要用于高血压危象

D.可扩张小动脉及小静脉　E.可用于顽固性心衰治疗

2.下列抗高血压药联合用药方案哪些是错误的(　　)。

A.可乐定与α甲基多巴　B.利血平与胍乙啶　C.可乐定与氢氯噻嗪

D.美卡拉明与樟磺咪芬　E.卡托普利与氢氯噻嗪

3.重度高血压病主要选用下列哪些药物治疗(　　)。

A.美卡拉明　B.胍乙啶　C.米诺地尔　D.硝普钠　E.莫索尼定

4.治疗高血压危象选用(　　)。

A.呋塞米　B.可乐定　C.硝普钠　D.二氮嗪　E.拉贝洛尔

5.主要用于治疗轻中度高血压的药物有(　　)。

A.氢氯噻嗪　B.硝普钠　C.吡那地尔　D.硝苯地平　E.莫索尼定

6.下列哪些药的降压机制与受体有关(　　)。

A.利血平　B.肼屈嗪　C.卡托普利　D.哌唑嗪　E.氯沙坦

四、名词解释

首剂现象(first dose phenomena)

五、简答题

1.简述抗高血压药的应用原则。

2.简述噻嗪类利尿药的降压机制。

六、论述题

1. 试述抗高血压药的分类及各类代表药。

2. 试述 ACEI 的降压机制。

3. 试述普萘洛尔降压作用机制。

（田秀琼）

第二十一章　抗慢性心功能不全药

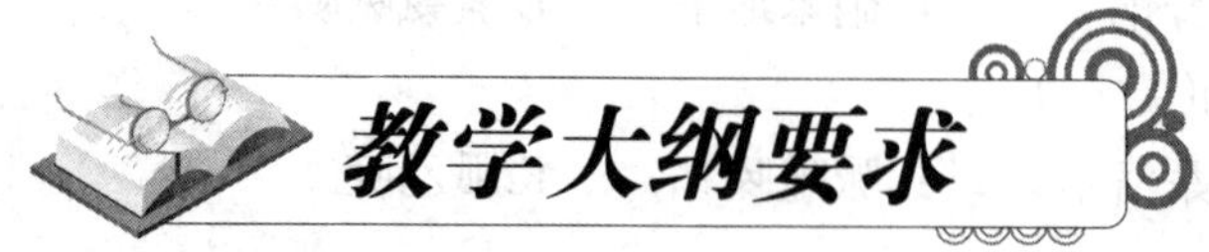

掌握强心苷的药理作用、毒性、临床应用及使用方法。

慢性心功能不全又称充血性心力衰竭(CHF)，是指心脏在多种病因作用下，长期负荷过重，心肌收缩力和舒张力功能障碍，不能泵出足够的血液以满足全身组织代谢需要的病理状态。临床表现为动脉系统缺血、静脉系统淤血的症状。影响心脏功能的因素主要有心脏泵血的前后负荷、心肌收缩性、心肌舒张性、心率、交感神经系统和肾素-血管紧张素系统。

临床用于治疗 CHF 的药如下：

1. 肾素-血管紧张素-醛固酮系统(RAAS)抑制药

(1)血管紧张素转化酶抑制药(ACEI)，如卡托普利、依那普利等。

(2)血管紧张素Ⅱ受体阻断药，如氯沙坦等。

(3)醛固酮拮抗药，如螺内酯等。

2.减轻心脏负荷药

(1)利尿药，如氢氯噻嗪、呋塞米、螺内酯等。

(2)血管扩张药，如硝酸甘油、肼屈嗪、硝普钠、硝酸异山梨酯、哌唑嗪等。

3.正性肌力作用药

(1)强心苷类药，如地高辛等。

(2)非强心苷类药，如多巴酚丁胺、米力农、维司力农等。

(3)钙增敏剂，如匹莫苯、维司力农等。

4.其他治疗 CHF 的药物

(1)β受体阻断药，如卡维地、美托洛尔等。

(2)钙通道阻滞剂，如氨氯地平等。

第一节　肾素-血管紧张素-醛固酮系统（RAAS）抑制药

一、血管紧张素转化酶抑制药（ACEI）：如卡托普利、依那普利等

（一）药理作用

1.降低心脏前后负荷，改善心功能。

2.降低交感神经活性。

3.抑制心肌及血管重构。

4.对血流动力学的影响。

5.保护血管内皮细胞。

（二）临床应用

ACEI 用于 CHF，尤其是重度和难治性 CHF，可明显降低病死率。

二、血管紧张素Ⅱ受体阻断药

如氯沙坦、厄贝沙坦等。此类药对缓激肽途径无影响，故使用后不引起咳嗽、血管神经性水肿等不良反应。长期应用对心率无明显影响，无耐受性。

三、醛固酮拮抗药

如螺内酯。阻断醛固酮受体，对抗醛固酮造成的心脏功能障碍和心力衰竭的恶化，可明显降低 CHF 病死率，防止左室肥厚时心肌间质纤维化，改善血流动力学和临床症状。

第二节　减轻心脏负荷药

一、利尿药

如氢氯噻嗪、呋塞米、螺内酯等。

利尿药对 CHF 有容量负荷征象如水肿或有明显充血和淤血者尤为适用。但易引起电解质紊乱，尤其是排钾利尿药引起的低钾血症是 CHF 时诱发心律失常的常见原因之一。因此在使用时除配合低盐膳食外，必要时应补充钾盐基合用留钾利尿药。

二、血管扩张药

如硝酸甘油、肼屈嗪、硝普钠等。

1.扩张静脉：硝酸甘油

2.扩张小动脉：肼屈嗪

3.扩张静脉、动脉：硝普钠

4.选择性的α_1受体阻断药扩张静脉、动脉：哌唑嗪等

5.ACEI

血管扩张药减轻心脏负荷，可导致体液潴留而产生耐受性，因此应联合利尿药。

第三节 正性肌力作用药

一、强心苷类正性肌力作用药

常用药物有洋地黄毒苷、地高辛、毛花苷C、毒毛花苷K等，最常使用地高辛。

(一)药理作用

1.正性肌力作用

2.负性频率

3.对心肌电生理特性的影响 降低窦房结自律性、减慢房室传导速度、缩短心房有效不应期(ERP)、提高浦肯野纤维自律性和缩短浦肯野纤维ERP。

4.对心电图的影响

5.其他作用 ①对血管的作用，对外周血管有直接收缩作用，但对于心力衰竭的患者，其外周血管扩张作用超过其缩血管效应，故外周阻力下降，心输出量和组织灌流量增加。②对肾的作用，肾血流量增加而产生利尿作用。③对神经系统作用，兴奋延髓催吐化学感受区而引起恶心、呕吐、也可引起中枢神经系统兴奋，出现失眠、谵忘，甚至精神抑郁或错乱。④对心肌耗氧量，心肌收缩力增强，心肌耗氧量增加，但基于正性肌力作用，总耗氧量并不增加。

(二)临床应用

1.治疗CHF

2.治疗某些心律失常 房颤、房扑、阵发性室上性心动过速。

(三)临床给药方法

1.经典给药方法 分两步，第一步，全效量(洋地黄化)；第二步，逐日给予维持量以补充每日消除的剂量。

2.每日维持量疗法

(四)不良反应

1.胃肠反应 主要表现为食欲不振、恶心、呕吐等。

2.神经系统反应及视觉障碍

3.心脏反应 可出现各种心律失常，严重时可引起死亡。常见室性期前收缩，也可出现阵发性心动过速、房室传导阻滞、窦性心动过缓或窦性停搏。

(五)不良反应防治

1.避免诱发中毒的各种因素 低钾、高钙、低镁以及肺心病、严重心肌损害的心肌缺氧和老年人肾功能低下是强心苷中毒的诱发因素，应避免。

2.警惕中毒先兆，及时停药 如频发室性期前收缩、心率低于50~60次/分、色视障碍，即为停药指征。

3.药物治疗 轻度，停药后中毒症状自行消失，严重者，根据情况用药。

(1)对于快速型心律失常，可补钾纠正，轻者口服氯化钾，重者静脉滴注，或选择苯妥英钠、利多卡因。

(2)心动过缓或Ⅱ、Ⅲ度房室传导阻滞可用阿托品。

(3)对危及生命的强心苷中毒，可用地高辛抗体Fab片段做静脉注射，解除地高辛对心肌Na^+-K^+-ATP酶的抑制作用。

二、非强心苷类正性肌力作用药

氨力农、米力农主要用于治疗严重及对强心苷和利尿药不敏感的心功能不全，能改善心功能，增加心输出量和肾血流量，降低右心房压和外周阻力。

第四节 其他治疗CHF的药物

一、β受体阻断药普萘洛尔、美托洛尔、卡维地洛

此类药物可用于轻中度的CHF的患者。

二、钙通道阻滞剂

短效的钙通道阻滞剂如硝苯地平不适于CHF的患者。

长效的钙通道阻滞剂如氨氯地平适用于CHF的治疗，尤其适用于伴有高血压、心绞痛和心肌缺血的CHF。

一、填空

1.有较显著肝肠循环的强心苷_______、_______。

2.主要经肝脏代谢的强心苷类药物是________，主要以原形从肾脏排泄，并可口服的药物是_______。

3.强心苷中毒的机制是_______。

4.强心苷中毒引起心律失常首选治疗药是_______。

5.强心苷对伴有_______和_______的心功能不全效果最好。

6.多巴酚丁胺_______心脏的β_1受体，_______衰竭心脏的心脏指数，_______心输出量；_____血管的β_2受体，__________后负荷。

7.扩血管药用于治疗顽固性心衰的主要机制是_______。

8.β受体阻断剂近年来被用于治疗心衰，因为此类药物_______，_______，_______，_______。

二、单选题

1.因心脏手术，洋地黄中毒或心肌梗死导致的室性心律失常，开始治疗时最好选用(　　)。

A.利多卡因　B.奎尼丁　C.维拉帕米　D.普萘洛尔　E.胺碘酮

2.心源性哮喘可用(　　)。

A.异丙肾上腺素　B.阿托品　C.毛花苷 C

D.去甲肾上腺素　E.肾上腺素

3.强心苷引起心动过缓时宜用(　　)。

A.氯化钾　B.氨茶碱　C.吗啡　D.阿托品　E.苯妥英钠

4.强心苷对下述哪种心衰效果最好(　　)。

A.高血压引起的心衰　B.严重贫血引起的心衰

C.甲亢引起的心衰　D.维生素 B_1 缺乏引起的心衰

E.病毒感染引起的心衰

5.强心苷禁用于(　　)。

A.慢性心功能不全　B.心房纤颤　C.心房扑动

D.室性心动过速　E.室上性心动过速

6.强心苷的适应证,除外(　　)

A.室上性心动过速　B.心房纤颤　C.慢性心功能不全

D.室性心动过速　E.急性心功能不全

7.强心苷中毒的停药指征不包括(　　)。

A.频发室性早搏、二联律　B.心率减慢,低于 60 次/分　C.心房扑动或心房颤动

D.视觉障碍　E.短阵室速

8.治疗强心苷中毒引起的室性心律失常不宜选用(　　)。

A.利多卡因　B.氯化钾　C.苯妥英钠　D.阿托品　E.地高辛抗体

9 最早出现的洋地黄中毒症状是(　　)。

A.色觉障碍　B.消化道症状　C.定向力丧失

D.心脏传导阻滞　E.眩晕

三、多选题

1.治疗心源性哮喘可以用(　　)。

A.吗啡　B.氨茶碱　C.呋塞米　D.毛花苷 C　E.异丙肾上腺素

2.心源性哮喘的治疗药物,除外(　　)。

A.吗啡　B.氨茶碱　C.氢氯噻嗪　D.毒毛花苷 K　E.异丙肾上腺素

3.顽固性充血性心衰的治疗药物是(　　)。

A.酚妥拉明　B.硝普钠　C.哌唑嗪　D.毛花苷 C　E.地高辛

4.心房纤颤的治疗药物是(　　)。

A.洋地黄毒苷　B.利多卡因　C.普萘洛尔

D.异丙肾上腺素　E.阿托品

5.强心苷的药理作用包括(　　)。

A.加强心肌收缩力　B.增加衰竭心脏的心输出量

C.不增加或降低衰竭心肌的耗氧量　D.减慢心率

E.抑制房室传导

6.有关强心苷药理作用正确的叙述是( )。

A.治疗量降低窦房结和房室结的自律性

B.中毒量增加浦氏纤维的自律性

C.抑制房室传导

D.增加房室结隐匿性传导

E.中毒量延长心房肌和心室肌的不应期

7.下列哪些类型的心衰用强心苷疗效较好( )。

A.伴有活动性心肌炎者　　B.伴有甲状腺功能亢进者

C.伴有心房纤颤者　　D.伴有风心病,心功能失代偿者

E.伴有心率加快者

8.强心苷中毒的诱发因素包括( )。

A.低血钾　　B.高血钙　　C.心肌缺氧　　D.低血镁　　E.老年人肾功能低下

9.强心苷中毒引起心律失常包括( )。

A.室早、二联律　　B.部分传导阻滞　　C.心房纤颤

D.室性心动过速　　E.心室纤颤

10.强心苷可用于治疗( )。

A.窦性心动过缓　　B.室上性心动过速　　C.室性早搏

D.心房纤颤　　E.心房扑动

四、简答题

1.试述慢性心功能不全治疗药的分类及代表药。

2.简述强心苷的给药方法。

五、论述题

1.试述强心苷的临床用途及其药理依据。

2.试述强心苷的不良反应和防治措施。

（田秀琼）

第二十二章　抗心绞痛药

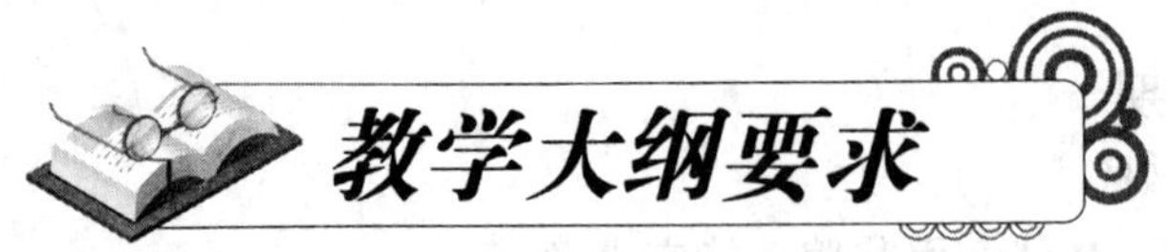

1.了解心绞痛的病理生理学机制及抗心绞痛的治疗原则。

2.熟悉硝酸甘油的药理作用及不良反应。

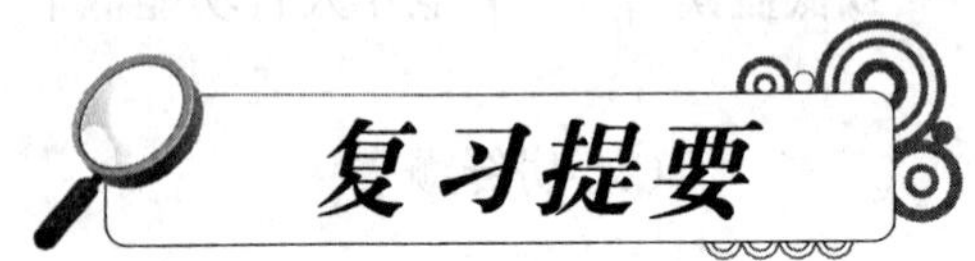

第一节　抗心绞痛药

一、硝酸酯类药

硝酸甘油

1.*药理作用*　扩张全身动静脉、重新分配冠状动脉血流、舒张冠状动脉、对心脏作用(治疗量能减轻心肌缺血损伤，改善左室功能，减少心肌 耗氧量，较大剂量因血压下降反射性兴奋交感神经，心率加快，心肌耗氧量增多，不利于心绞痛的治疗)。

2.*临床应用*

(1)各种类型心绞痛，舌下含服能迅速缓解症状，有效终止发作，并可预防发作。与β受体阻断药合用，可减少药物剂量，抑制反射性心率加快，提高疗效。

(2)急性心肌梗死。

(3)心功能不全。

(4)高血压危象。

(5)急性呼吸衰竭、肺动脉高压。

3.*不良反应*　血管舒张反应、高铁血红蛋白症、快速耐受、停药反应。

二、β受体阻断药

普萘洛尔

1.*药理作用*

(1)降低心肌耗氧量。

(2)改善心肌能量代谢。

(3)改善缺血心肌的供血。

(4)抑制血小板聚集。

2.临床应用 稳定型心绞痛、不稳定心绞痛,可减少发作次数,对伴有高血压或快速型心律失常尤佳。不适于变异型心绞痛。

3.不良反应 有停药反应,不可突然停药。

4.药物相互作用 普萘洛尔与硝酸甘油。

合用可相互取长补短,如普萘洛尔可取消硝酸甘油所引起的反射性心率加快,硝酸甘油却可缩小普萘洛尔所扩大的心室容积,两药对耗氧量的降低有协同作用,还可减少不良反应的发生。

三、钙通道阻滞药

1.硝苯地平 对变异型心绞痛最有效,对伴有高血压患者尤为适用。对稳定型也有效。

2.维拉帕米 用于各型心绞痛的治疗,尤适用于变异型心绞痛。

第二节 调血脂药

常用的有洛伐他汀、普伐他汀、考来烯胺、氯贝丁酯、依折麦布、烟酸、普罗布考。

一、填空

1.常用的抗心绞痛药通过_______、_______而发挥抗心绞痛作用。

2.常用于抗心绞痛的钙通道阻滞药包括_______、_______、_______、_______及_______。

3.硝酸甘油主要用于_______、_______。

4.硝酸甘油常用的给药途径为_______、_______、_______。

5.连续应用硝酸甘油产生耐受性的主要原因是_______耗竭。

6.普萘洛尔不宜用于_______型心绞痛。

7.伴有心力衰竭的心绞痛患者可选用_______。

8.硝酸甘油松弛_______平滑肌的作用最为显著。

9.普萘洛尔对_______、_______、_______和_______的患者不宜应用。

10.普萘洛尔宜_______给药,停药时应注意_______,不可_______。

11.对心绞痛发作患者舌下含服硝酸甘油宜采用的体位是_______。

二、单选题

1.硝酸甘油所不具备的作用是( )。

A.扩张静脉　B.减少回心血量　C.加快心率
D.增加心室壁张力　E.降低心肌前负荷

2.抗心绞痛药物的作用是(　　)。
A.减慢心率　B.缩小心室容积　C.扩张冠脉
D.降低心肌耗氧量　E.抑制心肌收缩力

3.下列不属于钙通道阻滞药的药物是(　　)。
A.维拉帕米　B.地尔硫䓬　C.吗多明　D.普尼拉明　E.哌克昔林

4.对硝酸甘油作用错误的叙述是(　　)。
A.扩张脑血管　B.扩张冠脉血管　C.心率减慢
D.降低外周血管阻力　E.扩张静脉

5.关于硝酸甘油错误的是(　　)。
A.抑制心肌,反射性心率加快　B.降低左室舒张末期压力
C.增加心内膜供血作用较差　D.降低心肌耗氧量
E.舒张冠状动脉侧支血管

6.关于硝酸甘油的叙述下列哪项是错误的(　　)。
A.扩张冠脉的阻力血管　B.扩张冠脉的侧支血管　C.降低左室舒张末期压力
D.口服给药生物利用度低　E.可以经皮肤吸收获得疗效

7.硝酸甘油无下列哪项作用(　　)。
A.加心室壁张力　B.加快心率　C.扩张容量血管
D.降低心肌耗氧量　E.减少回心血量

8.对变异型心绞痛最有效的药物是(　　)。
A.硝酸甘油　B.硫硫䓬酮　C.硝苯地平　D.普萘洛尔　E.维拉帕米

三、多选题

1.关于硝酸甘油正确的是(　　)。
A.口服后血药浓度低　B.可用于治疗心衰　C.长期用药有耐受现象
D.可与硝酸酯受体结合　E.可作为 NO 供体,产生扩血管作用

2.硝酸甘油的缺点是(　　)。
A.颅内压升高　B.产生耐受性　C.降低室壁张力
D.扩张容量血管　E.产生体位性低血压

3.关于硝苯地平正确的论述是(　　)。
A.治疗高血压　B.治疗心绞痛　C.治疗慢性心功能不全
D.属钙通道阻滞药　E.用于治疗室性心动过速效果最好

4.硝苯地平的适应证是(　　)。
A.稳定型心绞痛　B.变异型心绞痛　C.脑血管病
D.高血压　E.胆绞痛

5.下列哪些药物可防止连续应用硝酸甘油药产生的耐受性(　　)。
A.卡托普利　B.硝苯地平　C.地尔硫䓬　D.普萘洛尔　E.甲硫氨酸

6.伴有哮喘的心绞痛患者,宜选用 (　　)。

A.硝酸甘油　B.普萘洛尔　C.单硝酸异山梨酯
D.噻吗洛尔　E.硝苯地平

7.伴心绞痛的心衰患者,不宜选用(　　)。
A.硝酸异山梨酯　B.硝酸甘油　C.地尔硫䓬
D.维拉帕米　E.戊四硝酯

8.久用硝酸甘油产生耐受性的原因是(　　)。
A.细胞内鸟苷酸环化酶活性降低　B.细胞内巯基耗竭
C.ACE 活性降低　D.RAAS 激活
E.细胞内腺苷酸活性升高

9. 普萘洛尔治疗心绞痛的缺点是(　　)。
A.无冠状动脉及外周血管扩张作用　B.抑制心肌收缩力,心室容积增加
C.心室射血时间延长　D.突然停药可致“反跳”
E.心率加快

10. 硝酸酯类与普萘洛尔联合应用治疗心绞痛的药理依据是(　　)。
A.作用机制不同,可产生协同作用　B.消除反射性心率加快
C.降低室壁肌张力　D.缩短射血时间
E.协同降低心肌耗氧量

11. 硝苯地平的适应证是(　　)。
A.高血压危象　B.稳定型心绞痛　C.变异型心绞痛
D.不稳定型心绞痛　E.充血性心力衰竭

四、简答题

试述普萘洛尔与硝酸酯类联合应用抗心绞痛的药理学基础。

（田秀琼）

第二十三章　作用于血液及造血系统药

1.掌握肝素、香豆素类的药理作用、临床应用、不良反应及中毒解救。

2.了解维生素 K 的临床应用及注意事项。

3.了解抗贫血药的临床应用及注意事项。

第一节　抗凝血药

一、肝素

1.药理作用　抗凝血作用、抗血栓作用、降血脂作用

2.临床应用

(1)血栓栓塞性疾病。

(2)弥散性血管内凝血。

(3)心肌梗死、脑梗死、心血管手术后血栓形成。

(4)其他(体外循环、心导管检查、血液透析)。

3.不良反应

(1)自发出血可用鱼精蛋白对抗。

(2)血小板减少症。

(3)其他(脱发、骨质疏松、发热和变态反应。

二、香豆素类(双香豆素、华法林)

1.体内抗凝

(1)房颤和心脏瓣膜病所致血栓栓塞。

(2)髋关节手术患者。

(3)预防复发性血栓塞性疾病。

2.不良反应　过量易引起自发性出血，一旦发生立即停药，并用大量维生素 K 对抗，必要时输新鲜血浆或全血以补充凝血因子。

第二节　抗血小板药

阿司匹林

抑制血小板聚集，抗血栓形成。用于预防不稳定型心绞痛患者发生心肌梗死，预防急性心肌梗死的后再梗死和死亡，预防一过性脑缺血的复发、缺血性脑卒中、脑血管病性死亡。

第三节　纤维蛋白溶解药

链激酶

主要用于血栓栓塞性疾病的治疗。

出血是常见不良反应，可用氨甲苯酸对抗。

第四节　促凝血药

一、维生素K

主要用于维生素 K 缺乏引起的出血。

二、氨甲环酸及氨甲苯酸

主要用于纤溶系统亢进引起的各种出血，如前列腺、尿道、肺、肝、胰等富含纤溶酶原激活物的脏器外伤或手术出血，对一般性渗血效果较好。创伤性出血、癌症出血以及非纤维蛋白溶解引起的出血无效。

第五节　抗贫血药

贫血主要有以下类型：

1.缺铁性贫血　铁剂是治疗的特效药。常见的有硫酸亚铁、枸橼酸铁铵、右旋糖酐铁。

2.巨幼红细胞性贫血　叶酸、维生素 B_{12}。

3.再生障碍性贫血　病因未明，尚无特效药。

第六节　血容量扩充药

右旋糖酐

1.*药理作用*　扩充血容量、抑制红细胞、渗透性利尿作用。

2.*临床应用*

(1)防治低血容量性休克:右旋糖酐70。

(2)防治血栓栓塞性疾病:右旋糖酐40、右旋糖酐10。

(3)防治急性肾衰竭:右旋糖酐40、右旋糖酐10。

一、填空

1.在DIC______期使用肝素,目的是防止______和______消耗而引起继发性出血。

2.肝素过量引起出血的特效解毒剂是______,华法林过量用______对抗;链激酶引起的出血可注射______对抗。

3.肝素通过辅助因子______灭活多种凝血因子而发挥抗凝作用,此外肝素还能抑制______。

4.可与血中Ca^{2+}形成难解离的可溶性络合物,导致Ca^{2+}浓度降低,而发挥抗凝作用的药物是______。

5.凝血酶可直接作用于血液中的______,使其转变为______,发挥止血作用。

6.铁以______形式吸收,其吸收部位主要在______及______。

7.临床上常用于治疗缺铁性贫血的药物有______、______和______。

8.巨幼红细胞性贫血可补充______或______。

二、单选题

1.在体内、体外都有强抗凝作用的药物是(　　)。

A.双香豆素　B.华法林　C.肝素　D.枸橼酸钠　E.抗凝血酶Ⅲ

2.肝素临床不宜用于(　　)。

A.心导管检查　B.尿结石　C.防治血栓形成

D.细菌性心内膜炎　E.血液透析

3.关于香豆素类抗凝药,错误的是(　　)。

A.只在体内有抗凝血作用　B.起效快,维持时间短

C.维生素K能对抗其抗凝作用　D.醋硝香豆素大部以原形经肾脏排泄

E.口服就有抗凝作用

4.能减弱双香豆素抗凝作用的药物是(　　)。

A.阿司匹林　　B.广谱抗生素　　C.血小板抑制药

D.苯巴比妥　　E.保泰松

5.防治静脉血栓形成的口服药是(　　)。

A.肝素　　B.枸橼酸钠　　C.华法林　　D.链激酶　　E.尿激酶

6.肝素和双香豆素均可用于(　　)。

A.体外循环　　B.脑出血　　C.弥散性血管内凝血

D.防治血栓栓塞性疾病　　E.抗高脂血症

7.通过与 Ca^{2+}形成难解离的可溶性络合物而发挥抗凝血作用的药物是(　　)。

A.肝素　　B.双香豆素　　C.枸橼酸钠　　D.阿加曲斑　　E.水蛭素

8.维生素 K 的作用机制是(　　)。

A.作为γ-羧化酶的辅酶促进凝血因子Ⅱ、Ⅶ、Ⅸ、Ⅹ的羧化作用

B.抑制纤溶酶

C.促进抗凝血酶Ⅲ的作用

D.可暂时提高因子Ⅷ促凝成分和 vWF 的浓度

E.促进血小板聚集

9.关于维生素 K,下列说法错误的是(　　)。

A.维生素 K_3 和 K_4 皆为水溶性,不需胆汁协助吸收

B.肝功能不良者选用维生素 K_3

C.可对抗双香豆素过量引起的出血

D.静注维生素 K_1 速度过快时,可产生面部潮红、出汗、血压下降,虚脱

E.对缺乏葡萄糖-6-磷酸脱氢酶者可诱发急性溶血

10.新生儿出血宜选用(　　)。

A.氨甲苯酸　　B.氨甲环酸　　C.维生素 K

D.华法林　　E.链激酶

11.治疗纤维蛋白溶解活性增高的出血宜选用(　　)。

A.硫酸鱼精蛋白　　B.维生素 K　　C.双香豆素

D.氨甲苯酸　　E.右旋糖酐

12.链激酶引起严重出血的对抗药是(　　)。

A.硫酸鱼精蛋白　　B.维生素 K　　C.Ca^{2+}

D.对羧基苄胺　　E.维生素 C

13.尿激酶在溶栓时应注意的是(　　)。

A.恶心、呕吐　　B.食欲不振　　C.皮疹　　D.白内障　　E.出血

14.下列何种物质影响铁剂在肠道的吸收(　　)。

A.维生素 C　　B.果糖　　C.苹果酸

D.抗酸药和浓茶　　E.稀盐酸

15.可用于改善恶性贫血患者神经症状的药物是(　　)。

A.维生素 B_{12}　　B.叶酸　　C.右旋糖酐铁　　D.硫酸亚铁　　E.维生素 C

三、多选题

1.肝素的禁忌证为(　　)。

A.心肌梗死　　B.血友病　　C.溃疡病

D.活动性肺结核　　E.心导管检查

2.肝素的不良反应有(　　)。

A.自发性出血

B.老年妇女和肾衰竭患者常致出血

C.偶有过敏反应

D.长期应用肝素可致骨质疏松和骨折

E.血小板减少症、紫癜、严重高血压、细菌性心内膜炎都禁用

3.关于硫酸鱼精蛋白,正确的叙述是(　　)。

A.是强碱性蛋白质,带有阳电荷

B.可与肝素结合成稳定的复合物而使肝素失活

C.每次剂量不可超过 50mg

D.是强酸性蛋白质,带有阴电荷

E.每次剂量不可超过 100mg

4.双香豆素抗凝作用的特点是(　　)。

A.口服有效　　B.显效慢　　C.作用持久　　D.体内有效　　E.体外有效

5.维生素 K 参与合成(　　)。

A.凝血因子Ⅱ、Ⅶ、Ⅸ、Ⅹ　　B.凝血因子Ⅻ、Ⅺ、Ⅸ、Ⅹ　　C.凝血因子Ⅱ、Ⅸ、Ⅹ、Ⅻ

D.抗凝血蛋白 C　　E.抗凝血蛋白 S

6.维生素 K 主要的不良反应是(　　)。

A.维生素 K_1 静脉注射过快可引起出汗、血压下降

B.维生素 K_3 和维生素 K_4 易致胃肠道反应

C.维生素 K_3 可致肝功能不良

D.自发性出血

E.再生障碍性贫血

7.可用于治疗血栓栓塞性疾病的药物是(　　)。

A.维生素 K　　B.氨甲苯酸　　C.链激酶　　D.双香豆素　　E.肝素

8.巨幼红细胞性贫血的治疗药是(　　)。

A.硫酸亚铁　　B.右旋糖酐　　C.叶酸　　D.维生素 B_{12}　　E.维生素 C

9.引起叶酸缺乏的主要原因是(　　)。

A.需要量增加　　B.营养不良

C.应用叶酸对抗药　　D.胃、小肠切除术后叶酸吸收不良

E.胃肠功能紊乱

10.维生素 B_{12} 的临床应用包括(　　)。

A.恶性贫血　　B.巨幼红细胞性贫血　　C.神经炎

D.慢性失血性贫血　　E.失血性休克

四、简答题

比较肝素与双香豆素抗凝作用的异同。

（田秀琼）

第二十四章　作用于消化系统药

1.熟悉抗消化性溃疡药的分类、药理作用和临床应用。

2.了解常用助消化药、中和胃酸药、止吐和利胆药的作用、临床应用及不良反应。

第一节　抗消化性溃疡药

一、抗酸药

氢氧化铝　主要用于胃酸过多、胃及十二指肠溃疡、反流性食管炎及上消化道出血等。可致便秘。

二、抑制胃酸分泌药

1.H_2受体阻断药　西咪替丁、雷尼替丁、法莫替丁。

2.质子泵抑制药　奥美拉唑、兰索拉唑、埃索美拉唑。

3.M_1受体阻断药　哌仑丁平。

三、胃黏膜保护药

硫糖铝

枸橼酸铋钾　溃疡隔离剂，促进溃疡的愈合、杀灭幽门螺旋杆菌。主要用于胃及十二指肠溃疡、慢性胃炎和十二指肠肠炎。

第二节　助消化药

胃蛋白酶、乳酶生、胰酶。

第三节　止吐药

一、H_1受体阻断药

苯海拉明、异丙嗪等，有中枢镇静作用和止吐作用。可用于预防和治疗晕动病、妊娠呕吐和放射性呕吐等。

二、M受体阻断药

主要有东莨菪碱。

三、多巴胺受体阻断药

氯丙嗪　具有阻断延髓催吐化学感受器的多巴胺受体作用，降低呕吐中枢的神经活动，能有效减轻肿瘤引起的轻度恶心、呕吐。对晕动呕吐无效。

四、5-羟色胺受体阻断药

昂丹司琼。

五、促胃肠动力药

多潘立酮、西沙必利、胃复安。

第四节　泻药

一、泻药

1.容积性泻药　硫酸镁。

药理作用：①导泻；②利胆；③抗惊厥。

2.接触性泻药　酚酞。

3.润滑性泻药　甘油、液状石蜡。

二、止泻药

1.收敛止泻药　次碳酸铋、药用炭。

2.减少肠蠕动药　地芬诺酯。

第五节　利胆药

鹅去氧胆酸、熊去氧胆酸、硫酸镁。

一、填空

抗酸药治疗胃溃疡的基本原理是______。

二、单选题

1.西咪替丁的作用是（　　）。

A.解除支气管痉挛　　B.抑制中枢神经系统　　C.抑制胃酸分泌

D.抗过敏　　E.中和胃酸

2.西咪替丁治疗消化性溃疡是通过阻断(　　)。

A.M 受体　　B.H_1 受体　　C.H_2 受体　　D.β_2 受体　　E.β_1 受体

3.通过阻断 H_2 受体减少胃酸分泌的药物是（　　）。

A.苯海拉明　　B.碳酸钙　　C.胃复康　　D.雷尼替丁　　E.氢氧化镁

4.下列药物能中和或抑制胃酸分泌,除外（　　）。

A.哌仑西平　　B.西咪替丁　　C.碳酸氢钠　　D.氢氧化铝　　E.组胺

5.雷尼替丁抑制胃酸分泌的机制是(　　)。

A.阻断 M_1 受体　　B.阻断 H_1 受体　　C.阻断 H_2 受体

D.促进 PGE_2 合成　　E.干扰胃壁细胞内质子泵的功能

三、多选题

1.常用的抗酸药有(　　)。

A.氢氧化镁　　B.三硅酸镁　　C.氢氧化铝　　D.碳酸钙　　E.氢氧化钠

2.有关奥美拉唑正确的是(　　)。

A.干扰细胞质子泵的功能　　B.作用于胃壁细胞

C.对质子泵的抑制作用是可逆的　　D.作用持久

E.引起高胃泌素血症

3.以下配对正确的是(　　)。

A.奥美拉唑可用于抗幽门螺杆菌　　B.思密达可用于急慢性腹泻

C.西咪替丁用于消化性溃疡　　D.多潘力酮用于止泻

E.硫酸镁用于止吐

4.以下为胃酸分泌抑制药的是(　　)。

A.氢氧化镁　　B.雷尼替丁　　C.硫糖铝　　D.碳酸钙　　E.酚酞

四、简答题

试述胃酸分泌抑制药的作用机制和特点有何不同。

（田秀琼）

第二十五章　肾上腺皮质激素类药

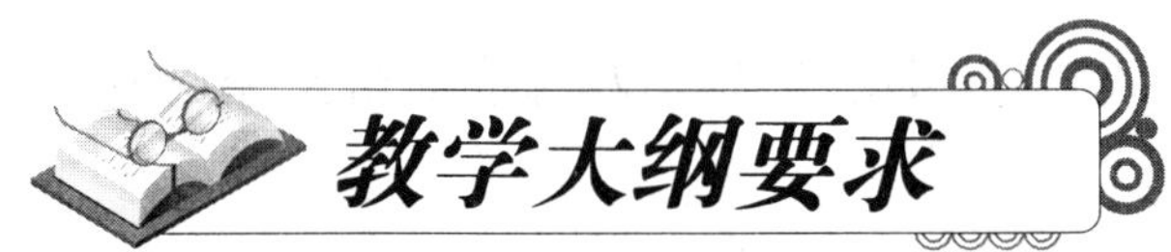

1.掌握糖皮质激素类药的药理作用、临床应用及不良反应及禁忌证。

2.熟悉糖皮质激素类药的用法及疗程。

一、糖皮质激素类药的药理作用

(一)对代谢的影响

1.糖代谢　加速糖原异生,降低外周组织对葡萄糖的摄取和利用,升高血糖。

2.脂质代谢　促进分解,抑制合成,血中游离脂肪酸增加,胆固醇含量增加,脂肪重新分布在面部、上胸部、颈背部、腹部和臀部,久用可形成向心性肥胖,表现为“满月脸”和“水牛背”。

3.蛋白质代谢　加速皮肤、肌肉、骨骼、淋巴结、胸腺等组织处的蛋白质分解,抑制合成,造成负氮平衡。久用可致胸腺、淋巴结萎缩,生长缓慢,肌萎缩、皮肤变薄、骨质疏松和伤口愈合延缓等。

4.水、盐代谢　长期大量使用可致水钠潴留;抗维生素D的作用,降低钙的吸收,促进排泄,导致低钙、低磷、脱钙,骨质疏松。

(二)抗炎作用

非特异性强,各种原因所致类症反应均有效。

1.炎症早期　抑制渗出,缓解症状,改善全身状况。

2.炎症后期　抑制毛细血管和纤维母细胞增生。延缓肉芽组织的形成,减轻后遗症。但抑制炎症反应的同时,也降低机体防御功能。

(三)抗免疫作用

作用于免疫过程中多个环节;小剂量抑制细胞免疫;大剂量干扰体液免疫。

(四)抗毒素作用

糖皮质激素可提高机体对内毒素的耐受性,因此具有强大的抗细菌内毒素作用。

(五)抗休克作用

通过增加心血管对儿茶酚的敏感性、增强心肌收缩力降低;稳定溶酶体膜,减少心肌抑制因子的形成;以及抗毒素作用而广泛用于各种严重休克。

(六)其他作用

1.血液与造血系统 红细胞和血红蛋白增多、血小板增多、中性粒细胞数量增多、淋巴细胞减少。

2.中枢神经系统 能提高中枢神经系统的兴奋性,可引起欣快、激动、失眠等,偶可诱发精神失常。

3.消化系统 可使胃酸、胃蛋白酶分泌增多,诱发或加重溃疡。

4.骨骼 抑制成骨细胞,增加破骨细胞数量及其功能;减少 Ca^{2+}的吸收,可致骨质疏松。

二、糖皮质激素类药的临床应用

(一)替代疗法

垂体功能减退、肾上腺次全术后、慢性肾上腺皮质功能不全。

(二)严重感染或炎症

1.严重感染 主要用于中毒性感染或伴有休克的危重患者,如中毒性菌痢、中毒性肺炎、重症伤寒、败血症、急性粟粒性肺结核等,先用足量有效的抗菌药,后用激素。一般病毒感染不用,如带状疱疹。但对严重肝炎、乙脑、流行性腮腺炎、重症麻疹等,为了缓解症状,可考虑应用。

2.治疗炎症及防止某些炎症后遗症 结脑、脑炎、心包炎、风湿性瓣膜病、睾丸炎、损伤性关节炎、烧伤后瘢痕挛缩、各种非特异性眼炎等,可局部用药。

(三)自身免疫性疾病、过敏性疾病和器官移植排斥反应

1.自身免疫性疾病 风湿热、风湿性或类风湿性关节炎、肾病综合征、系统性红斑狼疮、自身免疫性贫血、结节性动脉周围炎等。

2.器官移植排斥反应

3.过敏性疾病 一般采用抗组胺药和拟肾上腺素药。对危重病例或其他药物无效时作为辅助治疗,如血清病、严重或顽固性哮喘、过敏性休克。

(四)休克

适用于各型休克,感染中毒性休克在与足量有效的抗生素合用的前提下,可及早、短时间突击使用大剂量糖皮质激素;对过敏性休克,应首选肾上腺素,严重者可合用糖皮质激素;对低血容量性休克,当补液、补血、纠正电介质紊乱效果不佳时可合用大剂量糖皮质激素;对心源性休克应结合病因治疗。

(五)血液病

可用于治疗急性淋巴性白血病、再生障碍性贫血、血小板减少症、粒细胞减少症等,但停药后易复发。

（六）局部应用

对接触性皮炎、湿疹、肛门瘙痒、牛皮癣等，可局部用药。

三、糖皮质激素类药的不良反应

（一）长期应用所致不良反应

1.医源性肾上腺皮质功能亢进综合征 必要时对症处理，采用低盐、低糖、高蛋白饮食，适量补钾。

2.诱发或加重感染 诱发感染，体内潜在病灶扩散，如TB、肾病综合征时。

3.诱发或加重溃疡 严重时可致出血或穿孔。

4.心血管系统并发症 高血压或动脉粥样硬化。

5.骨质疏松 诱发自发性骨折等。

6.诱发癫痫、精神失常

7.其他 延缓生长发育、肌萎缩、伤口愈合迟缓、致畸等。

（二）停药反应

1.医源性肾上腺皮质功能不全 腺垂体分泌功能要3~5个月才恢复，肾上腺对ACTH起反应需6~9个月，长者要1~2年才能恢复，个体差异大，停药后1年内遇到应激情况时应及时给予足量GCS。

2.反跳现象 不可突然停药。

一、填空

1.长期应用糖皮质激素的停药反应主要有____________和______________。

2.医源性肾上腺皮质功能亢进综合征表现为_____________。

二、单选题

1. 糖皮质激素诱发和加重感染的主要原因是（ ）。

A.患者对激素不敏感　　B.激素用量不足

C.激素能直接促进病原微生物繁殖　　D.激素抑制免疫反应，降低机体抵抗力

E.使用激素时未能应用有效抗菌药物

2. 糖皮质激素用于严重感染的目的是（ ）。

A.加强抗菌药物的抗菌作用　　B.提高机体抗病能力

C.抗炎、抗毒、抗过敏、抗休克　　D.加强心肌收缩力，改善微循环

E.提高机体免疫力

3. 下列哪种患者禁用糖皮质激素（ ）。

A.严重哮喘兼有轻度高血压　　B.轻度糖尿病兼有眼部炎症
C.水痘发高热　　D.结核性胸膜炎兼有慢性支气管炎
E.过敏性皮炎兼有局部感染

4. 糖皮质激素对血液成分的影响正确的描述是(　　)。
A.减少血中中性白细胞数　　B.减少血中红细胞数
C.抑制红细胞在骨髓中生成　　D.减少血中淋巴细胞数
E.血小板数减少

5. 长期应用糖皮质激素,突然停药产生反跳现象,其原因是(　　)。
A.患者对激素产生依赖性或病情未充分控制
B.ACTH 突然分泌增高
C.肾上腺皮质功能亢进
D.甲状腺功能亢进
E.垂体功能亢进

6. 长期应用糖皮质激素可引起(　　)。
A.高血钙　　B.低血钾　　C.高血钾　　D.高血磷　　E.钙、磷排泄减少

7. 糖皮质激素诱发或加重胃溃疡的错误论点是(　　)。
A.促进胃酸分泌　　B.促进胃蛋白酶分泌
C.减少胃黏液生成　　D.直接损伤胃黏膜
E.减弱 PGs 的胃黏膜保护作用

8. 糖皮质激素和抗生素合用治疗严重感染的目的是(　　)。
A.增强机体对疾病的防御能力　　B.增强抗菌药物的抗菌活性
C.增强机体应激性　　D.抗炎、抗毒、抗休克,缓解严重症状
E.拮抗抗生素的副作用

三、多选题

1. 糖皮质激素的不良反应有(　　)。
A.低血钾　　B.高血压　　C.骨质疏松　　D.高血糖　　E.荨麻疹

2. 糖皮质激素的临床应用有(　　)。
A.过敏性休克　　B.感染中毒性休克　　C.心源性休克
D.低血容量性休克　　E.各种休克

3. 糖皮质激素对中枢神经系统的作用有(　　)。
A.欣快　　B.呼吸抑制　　C.失眠
D.激动　　E.诱发精神失常

4. 糖皮质激素对消化系统的作用有(　　)。
A.胃酸分泌增加　　B.胃蛋白酶分泌增加　　C.抑制胃黏液分泌
D.增加胃黏液分泌　　E.诱发脂肪肝

四、是非题

1. 糖皮质激素有抗炎作用,故可单独用于各种炎症。　　(　　)
2. 糖皮质激素可用于严重感染和炎症,是因其能抗菌、抗病毒。　　(　　)

3. 糖皮质激素广泛用于休克的治疗，也可作为过敏性休克的首选药。（ ）

4. 糖皮质激素能使胃酸、胃蛋白酶分泌增加，抑制胃黏液分泌，降低胃肠黏膜的抵抗力，故可诱发或加剧胃、十二指肠溃疡。（ ）

5. 糖皮质激素在抑制炎症、减轻症状的同时，也降低机体的防御功能，可致感染扩散、阻碍创口愈合。（ ）

6. 糖皮质激素广泛用于各种严重休克，特别是中毒性休克的治疗，是因其能中和脑膜炎双球菌、大肠杆菌等细菌内毒素。（ ）

五、论述题

1.试述糖皮质激素的主要药理作用有哪些？

2.试述长期使用糖皮质激素可能引起哪些不良反应？

（刘亚军）

第二十六章　甲状腺激素类药和抗甲状腺药

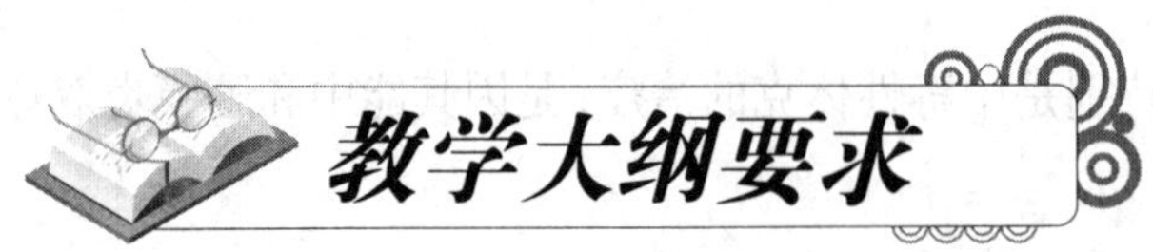

1.掌握抗甲状腺药的分类、药理作用、临床应用及主要不良反应。

2.熟悉甲状腺激素类药的药理作用及临床应用。

3.了解甲状腺激素的合成、贮存、分泌及其调节。

一、概述

甲状腺激素包括 T_4 和 T_3，与相应的受体结合后可以维持人体正常生长发育。它可促进糖和脂肪的氧化利用，提高机体的基础代谢率，使产热增加；还直接兴奋中枢和心血管系统，增强其对儿茶酚胺类的敏感性。TH 过高则引起甲状腺功能亢进。TH 功能不足时，在儿童则表现为身材矮小，发育迟缓，而且智力低下，称为"呆小病"；在成年人则可引起黏液性水肿。

血液中的碘化物被甲状腺细胞摄取时，通过过氧化酶的碘化、偶联形成 T_3 和 T_4 在甲状腺滤泡内，机体需要时，在蛋白水解酶的作用下释放出 T_3、T_4。

二、甲状腺激素类药的应用

T_3、T_4 可治疗呆小病、黏液性水肿，单纯性甲状腺肿。过量可引起甲状腺功能亢进的临床表现。

三、抗甲状腺药

(一)硫脲类抗甲状腺药

1.分类　包括硫氧嘧啶类(有甲硫氧嘧啶、丙硫氧嘧啶)和咪唑类(有甲巯咪唑、卡比马唑)。

2.基本作用机制　抑制甲状腺过氧化酶所中介的酪氨酸的碘化及偶联；丙硫氧嘧啶还能抑制外周组织的 T_4 转化为 T_3，还有抑制甲状腺刺激性免疫球蛋白的生成，达到对因治疗目的。

3.临床应用　内科治疗适用轻症和不宜手术或 ^{131}I 治疗者，如儿童、青少年及术后复发而不宜治疗者；还可以和碘剂用于术前准备；大剂量药物还可以治疗甲亢危象。

4.不良反应　常见的为过敏反应，如痛痒、药疹等；严重的不良反应为粒细胞缺乏症，因此应定期检查血象。

(二)大剂量碘及碘化物

可产生抗甲状腺作用。其机制主要是抑制蛋白水解酶,抑制 T_3 和 T_4 释放。用药疗程一般为2周,若继续运用可使甲亢复发,因此大剂量碘只用于甲状腺功能亢进术前准备及甲状危象的治疗。常见的不良反应有急性过敏反应,如血管神经性水肿、上呼吸道感染及严重喉头水肿、慢性碘中毒和诱发甲状腺功能紊乱等。

(三)放射性碘

可产生β射线,射程仅为2mm,能使腺泡上皮破坏、萎缩、减少分泌,适用于不宜手术或手术后复发及硫脲类无效或过敏者。其释放的γ射线,可用于甲状腺功能检查。^{131}I 过量易致甲状腺功能低下。

(四)β受体阻断药

主要通过其阻断β受体的作用而改善甲亢的症状,此外还能抑制外周 T_4 转化为 T_3,其作用迅速,对甲亢所致的心率加快、心收缩力增强等交感神经活动增强的表现很有效。一般和硫脲类药物合用,则疗效迅速而显著。

一、填空

1. 甲状腺激素包括_______和_______。

2. 小剂量碘剂主要用于防治_______,大剂量碘剂通过抑制 _______而抑制甲状腺激素的_______,主要用于治疗_______以及_______。

3. 抗甲状腺药分为_______、_______、_______、和_______四类。

二、单选题

1. 治疗黏液性水肿的药物是(　　)。

A.甲基硫氧嘧啶　　B.甲硫咪唑　　C.碘制剂
D.甲状腺素　　E.甲亢平

2. 大剂量碘制剂不能单独长期用于治疗甲亢是因为(　　)。

A.为合成甲状腺素提供原料　　B.失去抑制合成激素的效应
C.使 T_4 转化为 T_3,加重甲亢　　D.使腺体增生肿大
E.引起甲状腺危象

3. 丙基硫氧嘧啶的作用机制是(　　)。

A.抑制甲状腺的分泌　　B.抑制甲状腺摄碘
C.抑制甲状腺激素的生物合成　　D.抑制甲状腺激素的释放
E.破坏甲状腺组织

4. 下列哪一种情况慎用碘制剂(　　)。

A.甲亢危象　B.甲亢患者术前准备　C.单纯性甲状腺肿

D.孕妇　E.粒细胞缺乏

5. 硫脲类的严重不良反应是(　　)。

A.粒细胞缺乏　B.药热，药疹　C.甲状腺肿大

D.突眼加重　E.甲状腺素缺乏

6. 宜选用大剂量碘制剂治疗的疾病是(　　)。

A.弥漫性甲状腺肿　B.结节性甲状腺肿　C.黏液性水肿

D.轻症甲亢内科治疗　E.甲状腺危象

7. 能抑制 T_4 转化为 T_3(　　)。

A.甲硫氧嘧啶　B.他巴唑　C.甲亢平

D.小剂量碘　E.丙硫氧嘧啶

8. 甲状腺功能亢进的内科治疗宜选用(　　)。

A.小剂量碘剂　B.大剂量碘剂　C.甲状腺素

D.甲硫咪唑　E.以上都不是

9. 大剂量碘抑制甲状腺素释放的酶是(　　)。

A.多巴胺β羟化酶　B.琥珀酸脱氢酶　C.蛋白水解酶

D.甲状腺过氧化物酶　E.二氢叶酸合成酶

10. 下列哪种疾病禁用甲状腺激素(　　)。

A.克汀病　B.呆小病　C.甲状腺危象

D.黏液性水肿　E.单纯性甲状腺肿

三、多选题

1. 碘化物的不良反应包括(　　)。

A.诱发甲状腺功能紊乱　B.口腔、眼部刺激症状　C.碘过敏症状

D.粒细胞减少　E.促进结核病灶扩散

2. 甲状腺激素的药理作用包括(　　)。

A.维持生长发育　B.提高基础代谢率　C.升高血压

D.减漫心率　E.兴奋中枢

3. 甲状腺术前可选用(　　)。

A.丙硫氧嘧啶　B.甲状腺激素　C.大剂量碘

D.小剂量碘　E.普萘洛尔

4. 以下何种情况不宜使用放射性碘 ^{131}I 治疗(　　)。

A.青少年　B.妊娠或哺乳妇女　C.严重肝肾功能不良者

D.白细胞低下者　E.重度甲亢患者

四、是非题

1. 普萘洛尔可用于甲亢的辅助治疗。　(　　)

2. 丙硫氧嘧啶抑制蛋白水解酶，用于治疗甲亢。　(　　)

五、简答题

1.简述甲状腺功能亢进症手术前准备治疗,可用哪些药？为什么？

2.简述碘化物的常见不良反应。

3.简述甲状腺激素的临床应用及注意事项。

（刘亚军）

第二十七章　胰岛素及口服降血糖药

1.掌握胰岛素的药理作用、临床应用、不良反应及其防治。

2.磺酰脲类、双胍类降血糖药的药理作用、临床应用及主要不良反应。

一、胰岛素

(一)概述

胰岛素是胰岛β细胞分泌的激素,是酸性蛋白质,由两条链组成。易被消化酶破坏,口服无效,必须注射给药。注射后维持时间短,为了延长胰岛素的作用时间,将胰岛素与碱性蛋白质结合,再加入微量锌稳定,制成中、长效制剂,使其在注射部位形成沉淀,然后缓慢吸收。一般皮下注射,不能静脉滴注。

(二)药理作用

1.可增加葡萄糖的转运,加速葡萄糖的氧化和酵解,促进糖原的合成和贮存,抑制糖原的分解和异生而降低血糖。

2.胰岛素促进脂肪合成,并抑制其分解。

3.增加氨基酸的转运和蛋白质的合成等。

(三)临床应用

1.是治疗I型糖尿病唯一的药物。

2.经饮食控制或用口服降血糖药未能控制的Ⅱ型糖尿病。

3.糖尿病发生各种急性或严重并发症,如酮症酸中毒等。

4.糖尿病合并严重感染、消耗性疾病、高热、妊娠、创伤以及手术前后等。

5.还可用于细胞内缺钾,防治心律失常。

(四)不良反应

1.低血糖　为胰岛素过量,或未按时按量进餐,或运动过多等诱因引起。

2.过敏反应　多为胰岛素制剂有抗原性,可产生相应的抗体及过敏反应。

3.胰岛素耐受性,分为急性耐受和慢性耐受　急性耐受型多由于糖尿病患者遇到各种应激状

态（严重感染、手术、创伤、酮症酸中毒、情绪激动等）而引起肾上腺素、糖皮质激素等大量释放所致。慢性耐受型系由于体内产生了抗胰岛素受体抗体或胰岛素受体数目减少。此时可用高纯度胰岛素或适当增加剂量。

4.局部反应　皮下注射时，注射局部的皮肤发红，出现皮下硬结和脂肪萎缩。

二、口服降血糖药：包括磺酰脲类、双胍类和α-葡萄糖苷酶抑制剂

（一）磺酰脲类

包括甲苯磺丁脲、氯磺丙脲（优降糖）、格列吡嗪、格列齐特（达美康）等。

它的降糖机制：直接作用于胰岛β细胞，刺激内源性胰岛素释放而降低血糖。还可降低胰岛素代谢，增强靶细胞对胰岛素的敏感性，促进生长抑素释放，减少胰高血糖素分泌。此外氯磺丙脲尚有较好的抗利尿作用而用于尿崩症的治疗。临床应用：用于胰岛功能尚存的非胰岛素依赖型糖尿病且单用饮食控制无效者。也可用于对胰岛素耐受的患者。不良反应：有胃肠不适、恶心、腹痛、腹泻，也可以引起粒细胞减少和胆汁郁积性黄疸及肝损害。较严重的不良反应为持久性的低血糖，常因药物过量所致，须反复注射葡萄糖解救。

（二）双胍类

包括苯乙福明（降糖灵）和甲福明（二甲双胍）。其降糖机制为促进葡萄糖的无氧酵解，不促进胰岛素的释放，主要用于轻度糖尿病，尤适于肥胖型单用饮食控制无效者。但易引起乳酸血症。

（三）阿卡波糖

为α-葡萄糖苷酶抑制剂。主要抑制碳水化合物的水解，从而减少葡萄糖的吸收；对Ⅰ型、Ⅱ型糖尿病患者均有效；主要不良反应是胃肠道反应。

一、填空

1. 糖尿病可分为________和________。

2. 阿卡波糖常采用________给药方式。

二、单选题

1. 促进胰岛释放胰岛素的药物是（　　）。

A.格列本脲　B.二甲双胍　C.阿卡波糖　D.罗格列酮　E.苯乙双胍

2. 可造成乳酸血症的降血糖药是（　　）。

A.胰岛素　B.氯磺丙脲　C.甲苯磺丁脲　D.优降糖　E.苯乙双胍

3. 糖尿病酮症酸中毒时宜选用（　　）。

A.精蛋白锌胰岛素　B.低精蛋白锌胰岛素　C.珠蛋白锌胰岛素

D.氯磺丙脲　　E.大剂量胰岛素

4. 胰岛素的药理作用不包括(　　)。

A.降低血糖　　B.抑制脂肪分解　　C.促进蛋白质合成

D.促进糖原异生　　E.促进 K^+进入细胞

5. 可用于尿崩症的降血糖药是(　　)。

A.格列本脲　　B.甲苯磺丁脲　　C.格列齐特

D.氯磺丙脲　　E.格列吡嗪

6. 关于胰岛素下列叙述不正确的是(　　)。

A.口服有效　　B.主要在肝肾脏灭活

C.酸性蛋白质　　D.精蛋白锌胰岛素为长效胰岛素

E.长效胰岛素不能静滴给药

7. 磺酰脲类药物引起较严重的不良反应是(　　)。

A.胃肠道反应　　B.过敏反应　　C.嗜睡

D.持久性的低血糖反应　　E.粒细胞减少

8. 磺酰脲类降血糖药物的主要作用机制是(　　)。

A.促进葡萄糖降解　　B.拮抗胰高血糖素的作用

C.妨碍葡萄糖的肠道吸收　　D.刺激胰岛 B 细胞释放胰岛素

E.增强肌肉组织糖的无氧酵解

9. 下述哪一种糖尿病不需首选胰岛素治疗(　　)。

A.合并严重感染的中度糖尿病　　B.需做手术的糖尿病

C.轻及中度糖尿病　　D.妊娠期糖尿病

E.幼年重度糖尿病

10. 阿卡波糖的降糖作用机制是(　　)。

A.促进胰岛素释放　　B.促进组织摄取葡萄糖

C.抑制α-葡萄糖苷酶　　D.增加肌肉对胰岛素的敏感性

E.降低糖原异生

三、多选题

1. 胰岛素常见不良反应(　　)。

A.过敏反应　　B.胃肠道反应　　C.低血糖

D.胰岛素耐受性　　E.注射部位脂肪萎缩

2. 口服降血糖的药物有(　　)。

A.精蛋白锌胰岛素　　B.格列本脲　　C.格列齐特

D.苯乙福明　　E.阿卡波糖

3. 胰岛素主要用于下列哪些情况(　　)。

A.重症糖尿病　　B.非胰岛素依赖性糖尿病　　C.糖尿病合并妊娠

D.糖尿病酮症酸中毒　　E.糖尿病合并中度感染

4. 磺酰脲类降血糖的机制有(　　)。

A.触发胞吐作用,刺激胰岛素的释放

B.抑制胰高血糖素的分泌

C.降低食物吸收及糖原异生

D.延缓葡萄糖的吸收

E.提高靶细胞膜上胰岛素受体的数目和亲和力

四、简答题

1. 简述胰岛素治疗糖尿病的适应证。

2. 简述胰岛素的不良反应。

3. 试述口服降血糖药磺酰脲类常用药物主要有哪些,该类药物作用机制是什么?

（刘亚军）

第二十八章　子宫平滑肌收缩药

教学大纲要求

掌握缩宫素、麦角新碱的作用、临床应用、不良反应及用药注意事项。

复习提要

一、概述

子宫平滑肌收缩药是一类能选择性地直接兴奋子宫平滑肌，引起子宫平滑肌收缩力增强的一类药物，临床常用的有缩宫素、麦角新碱及前列腺素。

二、缩宫素

（一）概述

缩宫素，又名催产素，是神经垂体释放的一种激素。药用缩宫素可从猪、牛、羊的脑垂体后叶分离提取，也可人工合成。口服易被消化酶破坏，肌内注射吸收良好。

（二）药理作用

1.选择性兴奋子宫平滑肌　小剂量加强子宫的节律性收缩，对宫颈作用弱；大剂量使子宫产生强直收缩。雌激素提高子宫对缩宫素的敏感性，孕激素降低之。

2.大剂量舒张血管平滑肌，引起血压下降。

（三）临床应用

小剂量用于催产和引产；大剂量用于产后出血。

三、麦角新碱

（一）药理作用

兴奋子宫平滑肌作用强大而持久，稍大剂量即引起强直收缩。

（二）临床作用

主要用于产后子宫出血及产后子宫复旧不良。

一、填空

缩宫素小剂量引起子宫______收缩，临床主要用于______和______；大剂量使子宫呈______收缩，主要用于______。

二、单选题

1. 对无胎位或产道异常而宫缩乏力的难产应选用(　　)。
   A.大剂量缩宫素静脉滴注　　B.小剂量缩宫素静脉滴注
   C.大剂量麦角制剂肌内注射　　D.小剂量麦角制剂静脉注射
   E.大剂量缩宫素肌内注射
2. 麦角新碱不用于催产和引产是因为(　　)。
   A.作用比缩宫素强大而持久，易致子宫强直性收缩
   B.作用比缩宫素弱而短、效果差
   C.口服吸收慢而不完全，难以达到有效浓度
   D.对子宫颈兴奋作用明显小于子宫底
   E.以上都不是

三、多选题

1. 缩宫素的适应证有(　　)。
   A.催产　　B.引产　　C.产后子宫出血
   D.产后子宫复原　　E.功能性子宫出血
2. 小剂量缩宫素用于催产的依据(　　)。
   A.加强子宫体节律性收缩　　B.子宫体呈强直性收缩
   C.宫颈平滑肌松驰　　D.宫颈、宫体同时收缩
   E.扩张血管、增加血液供应

四、是非题

1. 麦角新碱可用于催产、引产和产后止血。(　　)
2. 大剂量缩宫素可使子宫平滑肌产生强直性收缩，故此剂量仅用于产后止血。(　　)

五、简答题

试述缩宫素对子宫平滑肌有何药理作用？

（刘亚军）

第二十九章　抗菌药物概论

1.掌握抗菌药物的基本概念及合理应用原则。

2.了解抗菌药物、机体、病原体三者之间的关系。

一、抗菌药物的基本概念

1.抗菌药　是一类能杀灭或抑制病原微生物，用于防治感染性疾病的药物。根据来源不同可分为抗生素和人工合成抗菌药。

2. 抗生素　是由某些微生物产生能抑制或杀灭其他病原微生物的化学物质。

3. 抗菌谱　指药物的抗菌范围，是选择适应证及选药的基础。

4. 抗菌活性　指药物的抗菌能力。

5. 抑菌药和杀菌药　仅能抑制病原微生物的生长繁殖而无杀灭作用的药物称为抑菌药；对病原微生物具有杀灭作用的药物称为杀菌药。

6. 化疗指数　是衡量化疗药物安全性及有效性的指标，常用LD_{50}/ED_{50}之比表示，比值大表明药物的毒性低而疗效高，临床应用价值高。

7. 抗生素后效应　病原体与抗菌药物接触后，当药物浓度低于最低抑菌浓度或被机体消除后，仍然对细菌的生长繁殖有抑制作用，这种现象称为抗生素后效应。

二、抗菌药物的作用机制

类别	抗菌作用机制	药物
1.抑制细胞壁合成	抑制细菌细胞壁粘肽合成酶(即青霉素结合蛋白PBPs)，阻碍细胞壁合成，导致胞壁缺损，菌体膨胀、变形、破裂、溶解而死亡	青霉素、头孢霉素、万古霉素等
2.抑制蛋白质合成	与细菌核蛋白体50s亚基结合，抑制转肽反应	氯霉素、大环内酯类
	与核蛋白体30s亚基结合，阻止氨基酰tRNA向30s亚基的A位结合，阻止肽链延长	四环素
	抑制70s始动复合物形成，与30s亚基结合，使mRNA上密码错译，阻止终止因子与核蛋白体结合等抑制蛋白质合成的全过程而杀菌	氨基糖苷类

3.影响胞浆膜通透性	与 G^-菌胞浆膜中磷脂结合使膜受损，菌体内物质外漏而死亡	多黏菌素类
4.抑制叶酸代谢	抑制二氢叶酸合成酶，妨碍叶酸代谢，最终影响核酸合成，从而抑制细菌的生长和繁殖	磺胺类
	抑制二氢叶酸还原酶，妨碍叶酸代谢，最终影响核酸合成，从而抑制细菌的生长和繁殖	甲氧苄胺嘧啶（TMP）
5.抑制核酸代谢	抑制 DNA 依赖的 RNA 聚合酶，使转录过程受阻。	利福平
	抑制细菌的 DNA 回旋酶而抑制 DNA 的合成	喹诺酮类

三、耐药性

是指病原体与抗菌药物反复接触后，对药物的敏感性下降直至消失，使药物的疗效降低甚至无效。

耐药性产生机制

1.细菌产生灭活抗菌药的酶　如β内酰胺酶可水解青霉素和头孢霉素，钝化酶（乙酰转移酶、磷酸转移酶和核苷转移酶等）可将某些基团结合到抗生素的 NH_2 基或 OH 基上而丧失抗菌活性。

2.改变细胞膜通透性　使药物不易进入菌体或进入菌体后易被排出。例如细菌可改变细胞壁的孔蛋白通道而使青霉素类、头孢霉素类和氨基苷类不能进入。

3.细菌体内靶位结构的改变　细菌改变青霉素结合蛋白（PBPs）的结构，减少其与β内酰胺类抗生素的结合，因而对β内酰胺类耐药；细菌核蛋白体 P10 蛋白发生结构改变，使链霉素难以结合，细菌对之耐药；利福平的耐药性是由于 RNA 多聚酶的β'亚基发生改变，使其与药物结合力降低所致。

4.其他　细菌可增加抗菌药物拮抗物的产量（如耐磺胺药的金葡菌株，PABA 产量可为敏感菌的 20 倍）或改变代谢途径（如细菌直接利用外源性叶酸）而产生耐药。

四、抗菌药物合理应用原则

1.尽早确定感染性疾病的病原诊断。

2.正确选药　根据药物抗菌谱、抗菌活性、药动学过程和不良反应选用抗菌药。

3.适当的剂量与疗程　根据患者的生理（年龄、性别等）机能状态、免疫力、肝肾功能等调整给药剂量和时间。

4.防止抗菌药的滥用　杜绝不必要的用药，如病毒感染；避免局部用药。

5.严格控制预防用药。

6.合理地联合用药。

习题

一、名词解释

1.抗菌药

2.化疗指数

3.抗生素

4.抗生素后效应

二、单选题

1. 化疗指数是(　　)。

A.ED_{90}/LD_{10}　B.ED_{50}/LD_{50}　C.LD_{90}/ED_{50}　D.LD_{50}/ED_{50}　E.LD_{95}/ED_{5}

2. 影响细菌蛋白质合成的药物是(　　)。

A.阿莫西林　B.红霉素　C.多黏霉素　D.氨苄西林　E.头孢唑啉

3. 耐药性是指(　　)。

A.因连续用药,机体对药物的敏感性低

B.患者对药物产生了精神依赖性

C.因连续用药,病原体对药物的敏感性降低甚至消失

D.患者对药物产生了躯体依赖性

E.以上均不是

4. 下列有关抗菌药作用机制的叙述哪项是错误的(　　)。

A.β-内酰胺类抗生素抑制细胞壁合成

B.氟喹诺酮类抑制阻碍 DNA 合成

C.磺胺类抑制 RNA 多聚酶

D.氨基糖苷类抑制蛋白质合成的多个环节

E.多黏菌素类与细菌细胞膜的磷脂结合使细胞壁通透性增加

三、多选题

1. 细菌的耐药性机制可能(　　)。

A.产生更多的酶类如二氢叶酸合成酶　B.产生水解酶,水解某些药物

C.药物降解失效　D.细菌的突变,改变代谢途径

E.产生钝化酶作用于 NH_2、OH 等基团

2. 防止细菌产生耐药性的措施(　　)。

A.给予足够的剂量与疗程

B.勤换药物

C.有计划轮换使用抗菌药物

D.不断改变化学结构,使其具有耐酶特性

E.严格掌握适应证,减少不必要的应用

3. 在治疗感染性疾病过程中应考虑以下关系(　　)。

A.药物在体内的消除　B.药物对机体的不良反应　C.机体防御功能

D.病原体的毒力与致病性　E.药物的作用强度

四、简答题

抗菌药物的耐药性是怎样产生的?

（刘亚军）

第三十章　抗生素

1.掌握青霉素G和头孢菌素类的抗菌谱、抗菌作用、临床应用、不良反应；
2.熟悉其他抗生素的作用和应用。

一、β-内酰胺类抗生素

(一)分类

包括青霉素类、头孢菌素类、非典型β–内酰胺类。

(二)青霉素类抗生素

1.天然青霉素——青霉素(Penicillin G)

(1)性质:不稳定,水溶液易失效并产生致敏物,故用前配制;易被酸、碱、醇、重金属离子破坏,避免合用,具有不耐酸、不耐酶、窄谱的特点。

(2)体内过程:遇酸易被分解,故口服吸收差,需肌注或静滴。主要分布于细胞外液,能广泛分布关节腔、浆膜腔、间质液、淋巴液、中耳液及各组织,不易透过血脑屏障,但脑膜发炎时脑脊液可达有效浓度。不被代谢,几乎全部以原形从肾脏排泄,90%经肾小管分泌,因此合用丙磺舒可竞争青霉素的肾小管分泌,减慢青霉素的消除,延长其作用时间。

(3)抗菌作用:青霉素对繁殖期敏感菌有强大的杀菌作用。敏感菌株包括革兰阳性菌(G^+菌)、革兰阴性菌(G^-菌)及螺旋体,属窄谱抗生素。

①G^+球菌:链球菌、肺炎球菌、敏感的葡萄球菌(除金葡菌以外)等。

②G^+杆菌:白喉、破伤风、炭疽杆菌、厌氧破伤风杆菌、难辨梭菌、产气荚膜杆菌、丙酸杆菌、真杆菌、乳酸杆菌等。

③G^-球菌:脑膜炎双球菌、淋球菌、流感杆菌与百日咳杆菌等。

④螺旋体:梅毒、钩端、回归热螺旋体等。

⑤放线菌。

(4)临床应用:首选用于敏感的G^+球菌、G^-球菌、螺旋体所致的感染,但须患者对青霉素不过敏。

①溶血性链球菌引起的咽炎、扁桃体炎、丹毒、猩红热、蜂窝组织炎、化脓性关节炎。

②产褥热及败血症等;草绿色链球菌引起的心内膜炎。

③肺炎球菌引起的大叶性肺炎、脓胸、中耳炎。

④G^+杆菌感染如白喉、破伤风,但应加用相应抗毒血清以中和外毒素。

⑤脑膜炎球菌引起的流行性脑脊髓膜炎,不产酶淋球菌引起的淋病。

⑥钩端螺旋体病、梅毒、回归热。

⑦放线菌病。

(5)不良反应

①过敏反应:为青霉素的主要不良反应,可出现药疹、血清病、溶血性贫血及粒细胞减少;最严重的是过敏性休克,表现为喉头水肿、支气管痉挛性哮喘、血压下降、循环衰竭、惊厥、昏迷,抢救不力可致死亡。

防治:用药前应详细询问病史、用药过敏史及家族过敏史。

必须进行青霉素皮肤过敏试验,更换批号时应重做皮试。

避免患者饥饿时注射及局部用药。

做好急救准备,如肾上腺素、糖皮质激素和抗组胺药物等。

②赫氏反应:青霉素治疗梅毒或钩端螺旋体病时,可出现症状加剧现象,一般发生于治疗开始后6~8小时,表现为全身不适、寒战、发热、咽痛、头痛及心动过速等症状,严重者可危及生命,可能与螺旋体抗原与相应抗体形成免疫复合物或螺旋体被杀灭裂解后释放内毒素有关。

③其他:肌肉注射青霉素钾盐可产生局部疼痛、硬结或周围神经炎;大剂量青霉素钾盐或钠盐静脉给药易致高血钾、高血钠症;鞘内注射可引起脑膜或神经刺激症状,产生肌肉痉挛性抽搐、昏迷等症状。

2.半合成青霉素

(1)耐酸青霉素类:主要指苯氧青霉素类,包括青霉素V和非奈西林。

特点:

①耐酸,可口服。

②不耐酶,对耐药金葡菌无效。

③抗菌谱与青霉素同,主要用于轻症感染。

(2)耐酶青霉素类:为异唑类青霉素,包括苯唑西林、氯唑西林、双氯西林与氟氯西林等。抗菌作用以双氯西林最强。

特点:

①耐酶,主要用于耐青霉素G的金葡菌感染。

②耐酸,可口服,严重感染时采用肌肉或静脉给药。

(3)广谱青霉素类:常用药物有氨苄西林、匹氨西林、阿莫西林。

特点:

①耐酸,可口服。

②不耐酶,对耐药金葡菌感染无效。

③对 G^-杆菌有效,可用于伤寒、副伤寒以及 G^-杆菌所致的呼吸道感染、尿路感染。

(4)抗铜绿假单胞菌广谱青霉素类:常用药物有羧苄西林、磺苄西林、哌拉西林、替卡西林等酰脲类青霉素。

特点:

①不耐酸不耐酶,口服无效,对耐药金葡菌无效。

②对大多数 G^-杆菌有效,可用于 G^-杆菌所致的呼吸道、胆道及泌尿道感染。

③对铜绿假单胞菌作用强,主要用于铜绿假单胞菌所致的感染,如烧伤创面感染。

(5)主要作用于 G^-杆菌的青霉素:常用药物有美西林、匹美西林和替莫西林。

特点:

①对 G^+杆菌的作用差。

②对 G^-杆菌的作用强,对 G^-杆菌产生的β-内酰胺酶稳定。

③主要用于 G^-杆菌所致的泌尿生殖系感染、伤寒及胆道感染。

(三)头孢菌素类抗生素

头孢菌素已发展有四代,比较每代的特点如下:

1.第一代头孢菌素　药物有头孢噻吩、头孢唑啉、头孢氨苄等。

(1)该类头孢菌素对 G^+菌包括耐药金葡菌的抗菌作用强于 2~4 代。

(2)对 G^-菌作用弱,对铜绿假单胞菌、厌氧菌无效。

(3)对青霉素酶较稳定,但对各种β-内酰胺酶稳定性远比 2~4 代差。

(4)对肾脏有一定的毒性。

(5)主要用于耐药金葡菌及敏感菌所致的轻、中度感染,如呼吸道、尿路感染及皮肤、软组织感染等。

2.第二代头孢菌素　药物有头孢呋辛、头孢孟多、头孢克洛、头孢丙烯等。

(1)对 G^+菌作用比第一代稍逊。

(2)对 G^-菌作用比第一代强;对铜绿假单胞菌无效,但头孢孟多对厌氧菌有效。

(3)对多种β-内酰胺酶比较稳定。

(4)肾脏毒性降低。

(5)主要用于敏感阳性和阴性菌,尤其是产酶耐药的阴性菌所致的呼吸道感染、胆道感染、骨关节感染及皮肤软组织感染、泌尿道感染、妇产科感染及耐青霉素淋球菌感染等。

3.第三代头孢菌素　药物有头孢噻肟、头孢曲松、头孢他定、头孢哌酮等。

(1)对 G^+菌抗菌作用不及 1~2 代。

(2)对G^-菌抗菌作用明显超过 1~2 代,包括肠杆菌科、铜绿假单胞菌及厌氧菌均有较强作用。

(3)对多种β-内酰胺酶特别对 G^-杆菌产生的广谱β-内酰胺酶高度稳定。

(4)对肾脏基本无毒性。

(5)主要用于重症耐药 G^-杆菌感染。

4.第四代头孢菌素　头孢匹罗、头孢吡肟、头孢利定、头孢噻利等。

（1）具有第三代头孢菌素对 G^-菌较强的抗菌作用。

（2）对 G^+菌的作用比第三代增强。

（3）对β-内酰胺酶尤其是超广谱质粒、染色体介导的酶稳定。

（4）无肾脏毒性。

（5）主要用于重症耐药 G^-杆菌感染，特别是威胁生命的严重 G^-杆菌感染及免疫功能低下的重症；为提高疗效，铜绿假单胞菌感染可合用抗铜绿假单胞菌的广谱青霉素或氨基苷类抗生素；厌氧菌混合感染可合用甲硝唑。

（四）非典型β-内酰胺类抗生素

非典型β-内酰胺类具有β-内酰胺环和另一杂环（头霉素类除外），而仅有β-内酰胺环的化合物则称为单环类，包括碳青霉烯类、氧青霉烷类、青霉烷类、氧头孢烯类、单环类等。

二、大环内酯类

（一）红霉素

1.体内过程　红霉素为碱性不耐酸，口服用肠溶片在小肠崩解吸收，酯化物制剂有相当的耐酸能力亦易于吸收；广泛分布于各种组织及体液中，尤以胆汁中分布浓度高，但不易透过血脑屏障；主要经肝脏代谢，胆汁排泄，肝功能不全者药物排泄速度减慢。

2.抗菌作用

（1）红霉素对金葡菌、表葡菌、链球菌及 G^+杆菌均有强大的抗菌活性。

（2）对某些 G^-菌如脑膜炎球菌、淋球菌、百日咳杆菌及布鲁杆菌有较强抗菌作用。

（3）对军团菌、弯曲杆菌亦有较强抗菌作用。

（4）本品对各种厌氧菌亦有相当的抗菌活性，但革兰阴性厌氧杆菌如脆弱类杆菌、梭杆菌属除外。

（5）对螺旋体、肺炎支原体、立克次体、衣原体也有抑制作用。

3.临床应用

（1）主要用于轻、中度的耐药金葡菌感染以及替代青霉素用于 G^+菌感染、放线菌病及梅毒等的治疗或用于对青霉素过敏的患者。

（2）首选用于治疗军团菌病、弯曲杆菌所致感染、支原体肺炎、沙眼衣原体致婴儿肺炎和结肠炎、白喉带菌者。

4.不良反应

（1）刺激反应：本品刺激性大，口服可引起消化道反应，如恶心、呕吐、上腹部不适及腹泻等；静脉给药可引起血栓性静脉炎。

（2）肝损害：红霉素酯化物引起肝损害，出现转氨酶升高、肝肿大及胆汁郁积性黄疸等，及时停药可恢复。

（3）伪膜性肠炎：口服红霉素偶可致肠道菌株失调引起伪膜性肠炎。

(二)第二代大环内酯类

药物有阿奇霉素、克拉霉素、罗红霉素、罗他霉素。

特点(与红霉素比较):

1.对胃酸稳定,生物利用度高,血药浓度高,半衰期延长。

2.抗菌活性增强。

3.有良好的抗生素后效应和免疫调节功能。

4.主要用于呼吸道、泌尿道和软组织感染。

5.不良反应较少。

三、林可霉素类

主要包括林可霉素及克林霉素,又称洁霉素(jiemycin)及氯洁霉素(lujiemycin)。

(一)体内过程

林可霉素口服不吸收,克林霉素口服吸收率高,在骨骼组织分布浓度高,主要在肝脏代谢。

(二)抗菌作用

两药抗菌谱相似,主要作用于G^+菌。

1.对G^+球菌如金葡菌、链球菌、肺炎球菌以及G^+杆菌如白喉杆菌、破伤风杆菌、产气荚膜杆菌均有强大抗菌活性。

2.对各种厌氧菌包括脆弱类杆菌和其他类杆菌属、梭杆菌属以及大多数放线菌属具有良好抗菌活性。

3.肠球菌属、多数G^-杆菌及难辨梭菌对本品耐药。

(三)临床应用

主要用于金葡菌引起的急、慢性骨髓炎;也可用于其他G^+菌所致的感染以及各种厌氧菌感染。

(四)不良反应

以胃肠道反应为主,长期口服可致菌群失调而发生伪膜性肠炎,可用万古霉素与甲硝唑治疗;林可霉素的不良反应发生率较低。

四、氨基糖苷类

(一)共同特点

1.有相似的体内过程

(1)为比较强的有机碱,口服难吸收,适用于肠道感染和肠道消毒,全身感染需注射给药。

(2)与血浆蛋白结合率低(<10%),主要分布于细胞外液,不易透过血-脑屏障,但在耳淋巴液和肾皮质中分布浓度高。

(3)在体内不被代谢,约90%以原形经肾小球滤过排泄,尿药浓度高,适用于泌尿道感染,在碱性尿液中抗菌作用增强。

2.抗菌谱相似

(1)对多数需氧G^-杆菌有强大的抗菌作用,对G^-球菌效差。

(2)对耐药金葡菌有较好的抗菌活性，对其他 G^+球菌如链球菌无效。

(3)大多数药物对铜绿假单胞菌有良效，如庆大霉素、妥布霉素、小诺米星、西索米星、阿米卡星等。

(4)部分药物对结核杆菌有效，如链霉素、卡那霉素、阿米卡星。

3.主要不良反应相同

(1)耳毒性：损害第Ⅷ对脑神经，包括前庭损害和耳蜗损害。

前庭神经损害：眩晕、头昏、恶心、呕吐、眼球震颤和共济失调。

耳蜗神经损害：耳鸣、听力下降、甚至永久性耳聋。

预防：询问早期症状(眩晕、耳鸣)，检查听力，避免与有耳毒性的药物合用，如万古霉素、高效利尿药呋塞米、依他尼酸及脱水药甘露醇合用。

(2)肾损害：表现为蛋白尿、管型尿、血尿等，严重者可产生氮质血症、肾功能减退甚至无尿。

预防：避免与肾毒性的药物合用，如第一代头孢菌素、万古霉素、多黏菌素、两性霉素 B 等。

(3)神经-肌肉接头阻断：氨基苷类可阻滞运动神经-肌肉接头，原因可能是氨基苷类与 Ca^{2+}结合阻止 Ca^{2+}参与乙酰胆碱的释放所致。

抢救：一旦发生可采用钙剂和新斯的明对抗。

(4)变态反应：表现为嗜酸性细胞增多、皮疹、药热，链霉素可发生过敏性休克；过敏性休克少见但死亡率高。

抢救：一旦发生过敏性休克，除立即皮下注射肾上腺素外，宜静脉注射葡萄糖酸钙。

(二)常用药物

1.庆大霉素

(1)抗菌作用：对大多数 G^-杆菌包括铜绿假单胞菌作用强，对金葡菌有效，对结核杆菌无效。

(2)临床应用

①G^-杆菌感染所致的肺炎、脑膜炎、骨髓炎、心内膜炎及败血症等。

②铜绿假单胞菌所致感染，与敏感的β-内酰胺类如羧苄青霉素合用。

③泌尿系手术前预防术后感染，口服用于肠道感染及术前肠道消毒。

④局部用于皮肤、黏膜及五官的感染等。

(3)不良反应：有耳毒性，以前庭损害为主，可逆性肾损害也多见，偶见过敏反应及神经肌肉接头阻滞作用。

2.链霉素　最早用于临床的氨基糖苷类药物，也是第一个用于临床的抗结核药。

(1)抗菌谱：对结核杆菌、G^-杆菌作用强大，对铜绿假单胞菌无效。

(2)临床应用

①兔热病与鼠疫治疗的首选药，后者常与四环素联合应用。

②抗结核治疗，应与其他抗结核药联合应用。

③亦可与青霉素合用治疗细菌性心内膜炎，但常被庆大霉素替代。

④与四环素合用治疗布鲁菌病。

(3)不良反应多且重,以耳毒性最常见(前庭损害为主),其次为神经肌肉阻滞作用、过敏性休克,亦有肾毒性;现已少用。

3.卡那霉素

(1)抗菌谱与链霉素相似,对结核杆菌有效,对铜绿假单胞菌无效。

(2)耳毒性、肾毒性大,仅次于新霉素,细菌易耐药。

(3)临床少用,可作为二线抗结核药。

五、万古霉素类

主要包括万古霉素和去甲万古霉素,两药抗菌作用相似,对 G^+菌有强大的杀菌作用;临床主要用于耐药金葡菌和G^+菌所致的严重感染,尤其是其他药物治疗无效或过敏时;对林可霉素类所致的伪膜性肠炎有良效;但毒性大,可致耳毒性、肾毒性、过敏反应和血栓栓塞性静脉炎等。

六、多黏菌素类

包括多黏菌素 B 和多黏菌素 E,两药抗菌作用相似,对 G^-菌有强大的杀灭作用,对铜绿假单胞菌作用更佳,对G^+菌、G^-球菌无效;因毒性大,以肾毒性多见,可引起神经毒性和肌毒性,也有肝毒性和变态反应;故临床少用,仅用于其他药物治疗无效铜绿假单胞菌感染。

七、四环素类

(一)分类

天然四环素类:四环素、土霉素。

半合成四环素:多西环素、米诺环素等。

(二)抗菌谱:广谱

某些原虫:阿米巴原虫。

G^+菌:链球菌、肺炎球菌、部分葡萄球、炭疽、破伤风、产气杆菌。

G^-菌:脑膜炎球、大肠杆菌、痢疾杆菌、肺炎杆菌、流感杆菌、布氏杆菌。

四体:支原体、衣原体、立克次体、螺旋体。

(三)临床应用

临床应用较少,主要用于支原体、衣原体、立克次体、螺旋体等感染的治疗。

(四)不良反应

1.胃肠道反应　刺激所致,恶心、呕吐、腹部不适等,饭后服可减轻。

2.二重感染　敏感菌株受抑制,不敏感菌株大量繁殖引起。

3.对骨、牙齿生长的影响　四环素类抗生素可与新生骨及牙齿中的钙结合,造成骨的发育抑制、牙齿黄染及釉质发育不全。故孕妇、哺乳期妇女及 8 岁以下小儿禁用。

4.其他反应　长期大剂量应用可引起肝、肾毒性,偶见药热、皮疹、血管神经性水肿等。

(五)半合成四环素(多西环素、米诺环素等)

特点(与天然者比较):

1.抗菌作用强，且对天然类耐药者仍敏感。

2.临床主要用于敏感菌及四体所致尿路、胃肠道、胆道、呼吸道及五官科感染。

3.不良反应基本同四环素。

八、氯霉素

抗菌谱广，但由于不良反应严重，故现在主要局部滴眼用于各种敏感菌所致的眼内感染、沙眼和结膜炎等。

一、填空

1. 半合成青霉素与青霉素 G 比较其优点为______、______和______。
2. 青霉素G目前仍作为治疗敏感菌感染的首选药是由于具备______、______和______优点。
3. 克林霉素分布于______组织的浓度较高，因而可首选用于______ 的治疗。
4. 红霉素可首选应用于______、______、______和______等疾病。
5. 链霉素目前仅与其他抗菌药合用治疗______、______、______ 与______。
6. 使用氨基糖苷类药物后出现四肢无力，可用______或(和)______ 对抗。
7. 四环素类药物可分为______ 和______ 两类。
8. 长期使用四环素，主要产生______和______ 等不良反应。

二、单选题

1. 对头孢菌素的错误描述为(　　)。

A.与青霉素仅有部分交叉过敏现象

B.抗菌作用机制与青霉素类相似

C.与青霉素类有协同抗菌作用

D.第三代药物对革兰阳性菌和革兰阴性菌的作用均比第一、第二代强

E.第一、第二代药物对肾脏均有毒性

2. 指出下列对青霉素 G 耐药菌株比较多的细菌是(　　)。

A.溶血性链球菌　　B.肺炎球菌　　C.金葡菌

D.白喉杆菌　　E.脑膜炎球菌

3. 青霉素类共同具有(　　)。

A.耐酸口服有效　　B.耐β-内酰胺酶

C.抗菌谱广　　D.主要应用于革兰阳性菌感染

E.可能发生过敏性休克，并有交叉过敏反应

4. 具有一定肾毒性的β-内酰胺类抗生素是(　　)。

A.青霉素 G　　B.耐酶青霉素类　　C.半合成广谱青霉素类

D.第一代头孢菌素类　　E.第三代头孢菌素类

5. 主要由于克拉维酸具有下列哪种特点使之与阿莫西林等配伍应用(　　)。

A.抗菌谱广　B.是广谱β-内酰胺酶抑制剂
C.可与阿莫西林竞争肾小管分泌　D.可使阿莫西林口服吸收更好
E.可使阿莫西林用量减少毒性降低

6. 抢救青霉素过敏性休克的首选药物(　　)。

A.去甲肾上腺素　B.肾上腺素　C.多巴胺
D.肾上腺皮质激素　E.抗组胺药

7. 革兰阳性菌感染者对青霉素过敏者可选用(　　)。

A.苯唑西林　B.红霉素　C.氨苄西林　D.羧苄西林　E.以上都可用

8. 下列何药用于治疗耐青霉素金黄色葡萄球菌引起的严重感染(　　)。

A.林可霉素　B.万古霉素　C.克林霉素　D.氨苄西林　E.羧苄西林

9. 金葡菌引起的急慢性骨髓炎最佳选用(　　)。

A.阿莫西林　B.红霉素　C.头孢曲松
D.克林霉素　E.乙酰螺旋霉素

10. 林可霉素类可能发生的最严重的不良反应是(　　)。

A.过敏性休克　B.肾功能损害　C.永久性耳聋
D.胆汁郁积性黄疸　E.假膜性肠炎

11. 红霉素与克林霉素合用可(　　)。

A.扩大抗菌谱　B.由于竞争结合部产生拮抗作用
C.增强抗菌活性　D.降低毒性
E.以上均不是

12. 下列哪项不是氨基糖苷类共同的特点(　　)。

A.由氨基糖分子和非糖部分的苷元结合而成
B.水溶性好,性质稳定
C.对革兰阳性菌具有高度抗菌活性
D.对革兰阴性需氧杆菌具有高度抗菌活性
E.与核蛋白体 30s 亚基结合,抑制蛋白质合成的杀菌剂

13. 链霉素目前临床应用较少是由于(　　)。

A.口服不易吸收　B.对肾毒性大
C.抗菌作用较弱　D.耐药菌株较多,毒性较大
E.对革兰阳性菌无效

14. 影响牙齿和骨骼发育的药物是(　　)。

A.苯妥英钠　B.氟哌酸　C.氯霉素　D.四环素　E.红霉素

15. 斑疹伤寒首选(　　)。

A.链霉素　B.四环素　C.磺胺嘧啶　D.多黏菌素　E.阿齐霉素

16. 用于治疗立克次体感染的抗菌药物是(　　)。

A.SMZ+TMP　B.氨苄西林　C.四环素　D.链霉素　E.氧氟沙星

17. 氯霉素在临床应用受限的主要原因是(　　)。

A.抗菌活性弱　B.血药浓度低　C.细菌易耐药

D.易致过敏反应　　E.严重损害造血系统

18. 下列四环素类药物不良反应中，哪一个是错误的(　　)。

A.空腹口服易发生胃肠道反应　　B.长期大量给药可引起严重肝脏损害

C.长期应用后可发生二重感染　　D.抑制骨髓造血

E.响骨和牙的生长

19. 长期应用易引起二重感染的药物是(　　)。

A.四环素　　B.阿奇霉素　　C.红霉素　　D.乙胺嘧啶　　E.氧氟沙星

20. 氯霉素抑制骨髓造血功能不正确的叙述是(　　)。

A.可逆性的骨髓抑制与剂量和疗程有关

B.可逆性的骨髓抑制仅表现为贫血

C.不可逆性再生障碍性贫血，可能与变态反应有关

D.预防造血系统不良反应应勤查血象

E.肝肾功能不良者慎用或禁用

21. 四环素的不良反应不包括(　　)。

A.胃肠道反应　　B.二重感染　　C.骨髓抑制

D.影响骨和牙齿的生长　　E.大剂量可损害肝脏

三、多选题

1. 下列何组药属于β-内酰胺类抗生素(　　)。

A.青霉素、链霉素　　B.氨苄西林、头孢氨苄　　C.红霉素、多黏菌素

D.庆大霉素、氯霉素　　E.头孢曲松、羧苄西林

2. β-内酰胺类抗生素的作用机制错误的描述是(　　)。

A.与细菌细胞壁中磷脂结合，使细胞壁通透性增加，使细菌死亡

B.抑制 PBPs，阻止细菌细胞壁黏肽合成

C.抑制胞壁黏肽合成酶，使细菌细胞壁缺损，菌体膨胀，死亡

D.抑制细菌蛋白质合成多个环节而具杀菌作用

E.触发细菌的自溶酶活性

3. 头孢菌素类具有下列优点(　　)。

A.广谱，杀菌力强　　B.对胃酸及对β-内酰胺酶稳定

C.过敏反应较青霉素类少　　D.对肾脏毒性小

E.与青霉素之间有完全交叉耐药现象

4. 第三代头孢菌素的特点哪几项是错误的(　　)。

A.对革兰阳性菌的作用比第一、二代强

B.对革兰阴性菌包括肠杆菌，绿脓杆菌作用较强

C.体内分布广，组织穿透力强，能渗入脑脊液

D.对β-内酰胺酶的稳定性比不上第一、二代

E.对肾毒性比第一、二代大

5. β-内酰胺类包括有(　　)。

A.青霉素类　　B.头孢菌素类　　C.头霉素类

D.氨曲南　　　　　　　　E.多黏菌素类

6. 防治青霉素 G 过敏反应的措施(　　)。

A.注意询问病史　　　　　　B.做皮肤过敏试验

C.先用肾上腺素预防　　　　D.出现过敏性休克时首选肾上腺素

E.换用半合成青霉素

7. 下列有关红霉素的描述正确的是(　　)。

A.对革兰阳性菌有强大抗菌作用,对革兰阴性菌不敏感

B.与 50s 亚基结合,抑制蛋白质合成

C.依托红霉素耐酸,无味、适于儿童服用

D.主要用于耐青霉素的金黄色葡萄球菌感染和青霉素过敏者

E.口服大剂量也不出现胃肠道反应

8. 对林可霉素和克林霉素错误的描述是(　　)。

A.林可霉素抗菌作用强于克林霉素　　B.两药对革兰阴性菌大都无效

C.林可霉素与红霉素合用呈拮抗作用　D.林可霉素口服吸收较克林霉素好

E.治疗厌氧菌无效

9. 阿齐霉素与红霉素比较,主要的特点是(　　)。

A.对革兰阴性杆菌有效　　B.抗菌作用强,有杀菌作用　　C.药物在血及组织浓度高

D.半衰期长　　　　　　　E.可透过血脑屏障

10. 林可霉素类抗菌谱包括(　　)。

A.革兰阳性球菌　　　　　B.革兰阴性菌　　　　　　C.大多数厌氧菌

D.军团菌　　　　　　　　E.耐药金葡菌

11. 氨基苷类抗生素描述错误的是(　　)。

A.口服在胃肠道不吸收,用于胃肠道消毒

B.属杀菌剂且对繁殖期细菌作用较强

C.肾皮质内药物浓度高于血药浓度

D.不能进入内耳外淋巴液

E.在体内不被代谢,约 90%以原形经肾小球滤过排出

12. 氨基糖苷类引起肾毒性正确描述是(　　)。

A.与药物主要经肾排泄并在肾蓄积有关

B.肾皮质内药物浓度蓄积越高,对肾毒性越大

C.主要影响肾小球

D.与其他肾毒性药物合用时易发生肾功能损害

E.与药物和血浆蛋白结合多排泄慢有关

13. 氨基糖苷类抗生素体内过程的共同特点(　　)。

A.口服不易吸收　　　　　　B.主要分布于细胞外液

C.肾皮质浓度高　　　　　　D.内耳外淋巴液浓度与用药量成正比

E.肾功能减退时血药浓度与半衰期均明显增加

14. 可能引起二重感染的药物是(　　)。

A.四环素　　B.多西环素　　C.氯霉素　　D.青霉素　　E.土霉素

15. 影响四环素吸收的因素有(　　)。

A.与氢氧化铝、三硅酸镁同服　　B.与铁剂同服

C.饭后服用　　D.每次口服剂量超过 0.5g 时

E.与维生素 B_1 同服

16. 四环素的不良反应有(　　)。

A.胃肠道反应　　B.二重感染　　C.骨髓抑制

D.影响骨和牙齿的生长　　E.大剂量可损害肝脏

17. 氯霉素的主要不良反应有(　　)。

A.二重感染　　B.出血倾向　　C.灰婴综合征

D.可逆性白细胞减少　　E.不可逆再生障碍性贫血

四、是非题

1. 对青霉素 G 敏感的病原体引起的感染，青霉素 G 均为首选。(　　)
2. 半合成青霉素耐酸、耐酶、广谱，且与青霉素 G 无交叉过敏反应。(　　)
3. 用青霉素 G 治疗白喉、炭疽病时应与相应的抗毒素合用。(　　)
4. 青霉素虽对脑膜炎奈瑟菌作用强，但在其脑脊液中浓度较低，故不宜用于流脑治疗。(　　)
5. 红霉素耐酸，口服吸收好。(　　)
6. 红霉素低浓度抑菌，高浓度可杀菌。(　　)
7. 红霉素片现多用肠溶片的目的是避免被胃酸破坏而影响疗效。(　　)
8. 林可霉素类对部分需氧革兰阴性球菌敏感，但所有革兰阴性杆菌对其耐药。(　　)
9. 链霉素较青霉素不易引起过敏性休克，且死亡率低。(　　)
10. 多西环素能与乳制品中的 Ca^{2+} 等金属离子形成络合物，从而影响前者的吸收。(　　)

五、论述题

1. 试述青霉素过敏反应的防治措施。
2. 试述青霉素的作用机制及作用特点。
3. 第三代头孢菌素有哪些用途？
4. 氨基糖苷类抗生素主要有哪些不良反应？

（刘晓菊）

第三十一章　人工合成抗菌药

1.掌握氟喹诺酮类药物和甲硝唑的药理作用、临床应用、不良反应及其防治。

2.熟悉磺胺类药物和甲氧苄啶的药理作用、临床应用、不良反应及其防治。

一、氟喹诺酮类

(一)氟喹诺酮类药物的共性

1.抗菌谱广

G^-菌:对大肠杆菌、痢疾杆菌、伤寒杆菌、变形杆菌、产气荚膜杆菌、淋球菌作用强;绿脓(环丙沙星、氧氟沙星)。

G^+菌:对金葡菌、链球菌敏感。

分枝杆菌:环丙沙星、氧氟沙星、左氧氟沙星、司帕沙星。

支原体、衣原体、立克次体:敏感。

2.主要抗菌机制　通过抑制细菌DNA回旋酶,干扰DNA合成。

3.药动学

(1)吸收:迅速、完全,除诺氟沙星外,其余吸收率>80%。

(2)分布:组织穿透性好,分布广。可进入骨、关节、前列腺、脑(如氧氟沙星、环丙沙星、培氟沙星)能达治疗浓度。

(3)代谢与排泄:差异较大。

4.临床应用(适用于敏感菌感染)

(1)泌尿生殖道感染:单纯性、复杂性尿路感染,细菌性前列腺炎,淋菌性尿道炎、宫颈炎等。

(2)肠道感染:细菌性肠炎、菌痢、伤寒、副伤寒。

(3)呼吸道感染:(肺炎球菌、支原体)肺部及支气管感染。

(4)结核病:氧氟沙星、环丙沙星、左氧沙星、司帕沙星(可作抗结核二线药)。

(5)绿脓杆菌感染:氧氟沙星、左氧氟沙星、环丙沙星。

(6)其他感染:骨髓炎、关节感染、五官科感染、伤口感染、化脓性脑膜炎(氧氟沙星、环丙沙星、培氟沙星)。

5.不良反应

(1)胃肠道反应:较常见,厌食、恶心、呕吐、腹内不适(发生率3%~5%)。

(2)中枢神经系统:可出现兴奋症状,表现为焦虑、失眠、耳鸣,偶致幻觉和癫痫发作(<0.5%),可逆。

(3)过敏反应:药疹、红斑、光敏性皮炎(尤为皮肤蓄积者,如洛美沙星、司帕沙星)。

(4)其他:可能引起骨关节病(动物实验),可致关节痛。女性孕期、哺乳期避免用。

(二)常用药物介绍

1.诺氟沙星 第一个含"F"喹诺酮类,生物利用度为35%~45%,血浓度较低,主用于肠道、尿路感染,亦可用于呼吸道、皮肤软组织、眼科感染,疗效一般。

2.环丙沙星 是第三代体外抗菌活性最强的药物,生物利用度为60%~80%,仅比诺氟沙星高,比其他喹诺酮低。

抗菌作用:对G^-杆菌最强,如大肠杆菌、痢疾杆菌、流感杆菌、绿脓杆菌等,对产酶淋球菌、耐药金葡杆菌有效,伤寒杆菌及结核分枝杆菌有效。

临床应用:胃肠道、泌尿道、呼吸道、骨关节及皮肤软组织感染,第二线治疗伤寒及抗结核药。

3.氧氟沙星 生物利用度比诺氟沙星高1倍

分布广:肺、痰液、骨、耳鼻喉、前列腺均可达有效浓度,尿液浓度高(与左氧氟沙星并列首位)。

抗菌作用:对一般菌比诺氟沙星强。

临床应用:泌尿道、呼吸道、胆道、皮肤软组织、耳鼻喉、眼科感染等,可作为治疗伤寒及抗结核药的第二线药。

4.氟罗沙星

作用特点:抗菌谱广,除一般敏感菌外,对厌氧菌,支原体、衣原体作用强。体内抗菌活性强,强于氧氟沙星、环丙沙星。生物利用度高(近100%)。$t_{1/2}$长,一天一次。

临床应用:与氧氟沙星相似,对厌氧菌,支原体、衣原体感染有效,但对结核杆菌无效。

5.第四代喹诺酮类(莫西沙星、克林沙星等)

特点:对G^-菌、厌氧菌具有高活性,优于环丙沙星。对金葡球、肺炎球菌亦优于环丙沙星、司氟沙星。对MRSA有效。

二、磺胺类

(一)分类

1.用于全身感染的磺胺(易吸收) 中效($t_{1/2}$10~24小时):磺胺嘧啶(SD)、磺胺甲□唑(SMZ)。

2.用于肠道感染的磺胺(难吸收) 柳氮磺吡啶(SASP)。

3.外用磺胺类 磺胺米隆(SML)、磺胺醋酰(SA)、磺胺嘧啶银(SD-Ag)。

(二)抗菌谱:较广(多数G^+、G^-菌)

(三)抗菌机制

磺胺的化学结构与细菌合成二氢叶酸的前体物对氨苯甲酸(PABA)相似,二者竞争二氢叶酸合成酶,使细菌合成二氢叶酸受阻,抑制DNA、蛋白质的合成,为抑菌药。

(四)临床应用

1.流脑　首选SD。

2.呼吸道感染　选用中、短效,如SD,SMZ+TMP。

3.尿路感染　SIZ,SMZ+TMP。

4.肠道感染

5.外用

(1)创面感染、烧伤等选用SML,SD-Ag(后者强、刺激性小、兼有收敛作用)。

(2)眼部感染:SA。

(五)不良反应较多见

1.肾损害　在酸性尿中易形成结晶,刺激肾,致结晶尿、血尿、管型尿,以SD多见。

(1)多饮水:大于1.5L </d,增加尿量、降低药物浓度。

(2)碱化尿液($NaHCO_3$):预防结晶尿。

2.过敏反应　皮疹、固定型药疹、药热等,注意用药史。

3.造血系统　粒细胞减少,血小板减少,再障,缺G-6-PD可致溶血性贫血。

4.消化系统　恶心、呕吐,饭后服减轻。

5.神经系统　头晕、乏力,新生儿胆红素脑病;驾驶员、高空作业及新生儿不宜用。

三、磺胺增效药——甲氧苄啶

(一)抗菌谱

与磺胺相似,较广。

(二)抗菌机制

抑制二氢叶酸还原酶,与磺胺合用协同增效,因其半衰期与SD和SMZ相近,故常与SD和SMZ合用,或组成复方制剂。

(三)临床应用

本品不单用,常与磺胺合用,治疗呼吸道、流脑、泌尿道及伤寒等感染性疾病。

(四)不良反应

大剂量、长疗程可致叶酸缺乏症,引起可逆性血细胞减少,巨幼红细胞性贫血等;动物实验可致畸,孕妇禁用。

一、填空

1. 氟喹诺酮类的抗菌作用机制主要是通过______而影响______。

2. 磺胺类分为______、______、______三类。

3. 磺胺类的化学结构与______相似，可与其竞争细菌______，妨碍______的合成并进而影响核酸的合成，______细菌生长繁殖。

4. 预防磺胺类出现泌尿道损伤，可采用______和______的方法。

二、单选题

1. 氟喹诺酮类抗菌药抑制(　　)。
A.细菌二氢叶酸合成酶　B.细菌二氢叶酸还原酶
C.细菌 RNA 多聚酶　D.细菌依赖于 DNA 的 RNA 多聚酶
E.细菌 DNA 回旋酶

2. 可能影响胎儿和婴儿软骨发育，孕妇及哺乳妇女不宜应用的药物(　　)。
A.四环素类　B.喹诺酮类　C.磺胺类　D.硝基呋喃类　E.TMP

3. 磺胺药抗菌机制是(　　)。
A.抑制细胞壁合成　B.抑制 DNA 螺旋酶　C.抑制二氢叶酸合成酶
D.抑制分枝菌酸合成　E.改变膜通透性

4. SMZ 口服用于全身感染时需加服碳酸氢钠的原因(　　)。
A.增强抗菌作用　B.减少口服时的刺激
C.预防代谢性酸中毒　D.预防在尿中析出结晶损伤肾
E.防止过敏反应

5. TMP 与磺胺药合用增强抗菌作用的原因(　　)。
A.磺胺药的吸收增加　B.少磺胺药的排泄　C.少磺胺药代谢
D.减少尿中磺胺结晶析出　E.双重阻断细菌叶酸代谢

6. 治疗流行性脑脊髓膜炎的首选药物是(　　)。
A.头孢菌素　B.链霉素　C.红霉素　D.磺胺嘧啶　E . B+C

7. 抑制细菌二氢叶酸还原酶的抗菌药物是(　　)。
A.磺胺类　B.诺氟沙星　C.庆大霉素　D.甲氧苄啶　E.呋喃唑酮

8. 喹诺酮类药物不宜用于(　　)。
A.老年人　B.婴幼儿　C.溃疡病患者　D.妇女　E.肝病患者

三、多选题

1. 磺胺类药物共有的不良反应为(　　)。
A.消化道反应　B.过敏反应　C.肾损害　D.溶血性贫血　E.肝脏损害

2. 氟喹诺酮类药物的药理学特点是(　　)。

A.抗菌谱广,对 G^-和 G^+菌都有效　　B.口服不易吸收

C.适应于呼吸系统及尿路感染　　D.与头孢菌素类有交叉耐药性

E.不良反应较少

四、是非题

1. 磺胺类药抑制二氢叶酸还原酶,甲氧苄啶抑制二氢叶酸合成酶,阻滞细菌合成四氢叶酸的两个重要步骤。(　　)

2. 氟喹诺酮类的抗菌机制主要通过抑制细菌的 RNA 聚合酶,而影响细菌 RNA 的合成。(　　)

3. 甲氧苄啶长期大量使用对人体的二氢叶酸还原酶无影响。(　　)

4. 在偏酸性尿中,磺胺类乙酰化代谢产物的溶解度降低。(　　)

5. 甲硝唑是临床治疗各种厌氧菌感染的重要药物。(　　)

6. 磺胺与 $NaHCO_3$ 合用是为了促进磺胺代谢。(　　)

五、简答题

1. 简述磺胺类的抗菌作用机制。

2. 简述氟喹诺酮类的抗菌作用机制。

3. 磺胺类药物为什么会造成泌尿系统损伤,应如何预防?

(刘晓菊)

第三十二章　抗结核病药

教学大纲要求

掌握异烟肼、利福平和乙胺丁醇药理作用、临床应用及不良反应；

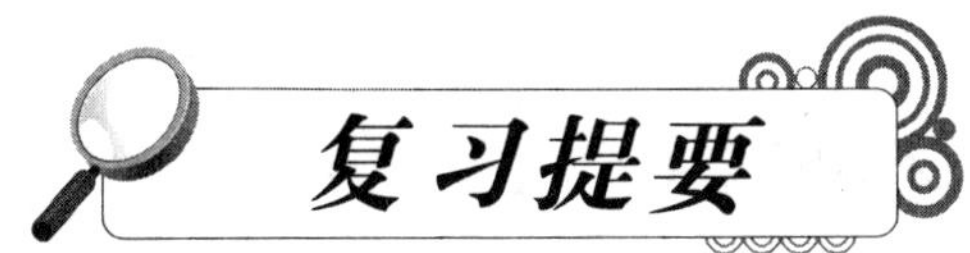

复习提要

一、异烟肼（雷米封）

（一）药理作用

对结核分枝杆菌有高度选择性，对其他病原体无抗菌作用。

（二）耐药性

长期单独应用易产生耐药性，联合用药可明显延缓或防止耐药菌出现。

（三）药动学

1.吸收　快而完全，F 为 90%，1~2 小时达峰值浓度 $t_{1/2}$ 2~3 小时（慢代谢型）。

2.分布　均匀，通透性好，可广泛分布于脑、胸、腹膜腔、淋巴结、纤维病灶等。

3.代谢　肝乙酰化（快、慢型）。

快代谢型（黄种人占 50%）：乙酰异烟肼易致肝损害。

慢代谢型（黄种人占 26%）：原型异烟肼易致神经系统毒性。

4.排泄　原型和代谢产物（乙酰异烟肼、异烟酸）由尿排泄，肾功能不全及老年患者无需调整剂量。

（四）临床应用

治疗各型结核的首选药，常需联合用药。

（五）不良反应

1.神经系统

（1）中枢神经系统：一般剂量偶致失眠、头昏、轻度精神兴奋，可逐渐消失。大剂量（>500mg/d，或慢乙酰化型）可致精神失常，如兴奋、神经错乱、惊厥等，故癫痫、精神病史、嗜酒者慎用。

（2）周围神经炎：四肢麻木、肌震颤、痛觉过敏、肌萎缩等。

原因：维生素 B_6 缺乏所致，宜补充维生素 B_6。

①异烟肼结构与维生素 B_6 相似，与维生素 B_6 竞争性拮抗阻碍维生素 B_6 形成辅酶，维生素 B_6 排泄增加。

②异烟肼与维生素 B_6 形成稳定的腙类化合物，维生素 B_6 利用减少。

在中枢神经系统，γ-氨基丁酸由谷氨酸脱羧转化而成，而维生素 B_6 为该脱羧酶的辅酶。

由于异烟肼使维生素 B_6 排泄增加或利用减少，使中枢抑制性递质γ-氨基丁酸减少而产生中枢神经系统兴奋症状。

2.肝毒性 可致暂时性转氨酶升高，黄疸、肝小叶坏死快代谢型易见（为乙酰异烟肼所致），故应定期查肝功能，与利福平、吡嗪酰胺合用时尤应注意。

二、利福平

（一）抗菌作用：抗菌谱（广、强）

1.G^+、G^-球菌 金葡菌、链球菌、肺炎球菌、脑膜炎奈瑟菌。

2.TB

3.麻风杆菌

4.敏感 G^-杆菌 变形、大肠、流感。

5.衣原体、支原体

6.某些病毒

机制：抑制 DNA 依赖的 RNA 多聚酶，阻 mRNA 合成，产生抑菌或杀菌作用。

（二）耐药性

易产生耐药性，不宜单用。

（三）药动学

1.吸收 *口服吸收好，生物利用度为 90%~95%。*

2.分布 同异烟肼，分布均匀。

3.代谢 同异烟肼（乙酰化）。

4.排泄 主为胆汁、肾排，尿、粪便、唾液、痰、泪液呈橘红色；巩膜、皮肤可黄染。

（四）临床应用

1.结核 适合于各型结核，应加其他第一线药，联合用药。

2.麻风 为联合用药的必要组分，作用快、强。

3.其他细菌感染 耐药金葡菌及其他细菌感染，如肺炎、肺脓肿、心内膜炎、败血症、胆道感染、细菌性脑膜炎、沙眼、病毒性角膜炎等。

（五）不良反应

1.消化道刺激症状 恶心、腹泻等，一般不影响治疗。

2.肝毒性 转氨酶增高、肝肿大、黄疸等，应定期复查肝功能。

3.过敏反应 皮疹、药热、血小板及白细胞减少或“流感综合征”，多见于大剂量间歇疗法（每周 1~2 次）。

4.神经系统 偶可有嗜睡、共济失调、精神紊乱等。

5.致畸 早孕禁用。

三、乙胺丁醇

(一) 抗菌作用

为一线抗结核药,细胞内、外抗菌,对耐药株有效,但对其他细菌无效。

(二)临床应用

单用可产生耐药性,主要与异烟肼、利福平合用治疗各型结核病。

(三)不良反应

少见。

1.球后视神经炎 视力下降,红绿色盲,可逆性。与剂量疗程有关,剂量在 15mg/(kg·d)时,视觉障碍<1% ,若> 25mg/(kg·d)时达 5%。

2.其他 偶有过敏反应,肝损,高尿酸血症。

四、链霉素

1.对浸润性、粟粒性结核疗效好(接近异烟肼)。

2.穿透力差 难进入细胞,对纤维化、干酪化厚壁空洞、骨结核、结脑疗效差。

3.易产生耐药性,必联合用药。

4.毒性大,1g/d 为宜,或每周 2~3 次,疗程 2~3 月。

五、吡嗪酰胺

1.抗结核作用中等(酸性环境杀菌)。

2.口服易吸收,通透性好(细胞内、脑脊液可达高浓度)。

3.与其他抗结核药无交叉耐药。

4.毒性较大

(1)肝损害:转氨酶升高、黄疸。

(2)诱发痛风、关节痛等(本品减少尿酸排泄)。

现改为低剂量、短疗程做短疗程强化治疗时,肝毒性明显降低。

六、抗结核药的用药原则

(一)早期用药,如早期浸润性结核

1.病灶区血液供应未受损害,药物易达病灶区。

2.病变可复性大,修复机能强。

(二)联合用药

1.增加疗效。

2.延缓耐药性产生。

3.降低毒性(适当降低单药剂量)。

以异烟肼为基础,加 1~2 种均可;重症(急性粟粒性结核、肾结核、结脑)可三联、四联。

(三)规律用药

(四)全程督导

一、填空

1. 一线抗结核病药主要有______、______、______和______、______。

2. 异烟肼抗结核作用特点是对静止期结核杆菌有______作用,对繁殖期结核杆菌有______作用。

3. 利福平抗菌谱较广,对______和______作用强。

二、单选题

1. 有癫痫或精神病史者应慎用(　　)。

A.利福平　B.异烟肼　C.乙胺丁醇　D.吡嗪酰胺　E.对氨基水杨酸

2. 异烟肼的主要不良反应(　　)。

A.耳毒性　B.神经肌肉接头阻滞　C.周围神经炎

D.中枢抑制　E.视神经炎

3. 应用异烟肼时合用维生素 B_6 的目的(　　)。

A.增强疗效　B.延缓耐药性　C.减轻肝损害

D.降低对神经的毒性　E.促进吸收

4. 乙胺丁醇可致(　　)。

A.球后视神经炎　B.周神经炎　C.耳神经损害

D.中毒性脑病　E.细胞减少症

5. 抗结核的一线药下列哪些是最正确的(　　)。

A.异烟肼、利福平、链霉素　B.异烟肼、利福平、对氨基水杨酸

C.异烟肼、链霉素、对氨基水杨酸　D.异烟肼、乙胺丁醇、对氨基水杨酸

E.异烟肼、链霉素、乙硫异烟肼

三、多选题

1. 一线抗结核病药包括(　　)。

A.异烟肼　B.利福平　C.吡嗪酰胺　D.乙胺丁醇　E.链霉素

2. 抗结核病药联合用药的目的(　　)。

A.提高疗效　B.扩大抗菌范围　C.减少各药用量

D.降低毒性　E.延缓耐药性

四、是非题

1. 异烟肼是治疗各种结核病的首选药,对于早期轻症结核病单独使用。(　　)

2. 利福平对动物有致畸作用，故妊娠头3个月禁用。（　）

五、简答题

1. 简述抗结核病药的用药原则。
2. 试述异烟肼的药理作用及临床应用。

（刘晓菊）

第三十三章　抗真菌药和抗病毒药

了解抗真菌药和抗病毒药的药理作用、临床应用及不良反应。

一、抗真菌药

1.克霉唑　口服吸收差，不良反应多，仅用于局部浅表真菌病或皮肤黏膜的念珠菌病。

2.咪康唑　口服难吸收，不易透过血脑屏障，静脉滴注治疗多种深部真菌病，局部用于皮肤黏膜真菌感染。可致静脉炎、恶心呕吐、发热、心律失常等。

3.酮康唑　口服易吸收，分布广，不易透过血脑屏障。抗菌谱广，口服用于浅表真菌感染和念珠菌病。不良反应有肝毒性、过敏反应、性激素紊乱等。

4.氟康唑　广谱高效，生物利用度高，可进入脑脊液，主要用于念珠菌病、隐球菌病，不良反应少。

5.伊曲康唑　食物促进其吸收，亲脂性高，治疗浅表性真菌病和深部真菌病，不良反应少。

二、抗病毒药

抗病毒药通过破坏病毒的结构、酶和复制机制而发挥抗病毒作用。

1.阿昔洛韦　抑制DNA多聚酶，阻止DNA合成，适用于单纯疱疹病毒、带状疱疹病毒感染和乙肝。

口服难吸收，需静脉点滴，不良反应少。

2.碘苷　抑制DNA复制而抗DNA病毒，毒性大，仅局部用于单纯疱疹病毒感染。

3.阿糖腺苷　在体内转变为三磷酸化物，抑制DNA合成静脉点滴治疗单纯疱疹病毒性脑炎，外用治疗角膜炎，不良反应轻微但有致畸作用。

4.利巴韦林　为广谱抗病毒药，防止甲、乙型流感，腺病毒肺炎，麻疹，甲型肝炎等。

5.齐多夫定　为治疗艾滋病的第一个药物，抑制HIV逆转录过程阻止其复制，减轻艾滋病症状，但可抑制骨髓。

6.金刚烷胺　干扰RNA病毒穿入宿主细胞病抑制其复制，用于防治亚洲甲型流感，也用于治疗震颤麻痹。

一、填空

1. 常用的唑类抗真菌药有______、______和______。

（刘晓菊）

第三十四章　抗寄生虫药

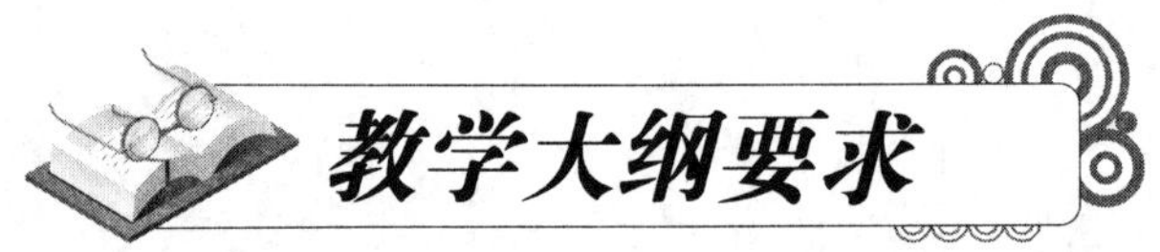

1. 了解氯喹、伯氨喹、乙胺嘧啶、青蒿素、甲硝唑的药理作用、临床应用和不良反应。

2. 了解常用抗肠虫药的药理作用、临床应用和不良反应。

第一节　抗疟药

一、疟原虫的生活史及抗疟药作用环节

疟疾　间日疟、三日疟、恶性疟。

疟原虫的生活史可分为人体内的无性生殖阶段和雌性按蚊体内的有性生殖阶段抗疟药可作用于疟原虫生活史不同环节,用以治疗或预防疟疾。

二、常用抗疟药

(一)主要用于控制症状的抗疟药

1.氯喹

(1)体内过程

①口服吸收快而完全,血药浓度达峰时间为1~2小时。

②血浆半衰期数天至数周,并随用药剂量增大而延长。

③广泛分布于全身组织,在肝、脾、肾、肺组织中的浓度常达血浆浓度的200~700倍,红细胞内的浓度比血浆浓度高10~20倍,而被疟原虫入侵的红细胞又比正常红细胞高出25倍。

(2)药理作用

①抗疟作用:对间日疟原虫和三日疟原虫以及敏感的恶性疟原虫的红细胞内期裂殖 体有杀灭作用,能迅速有效地控制临床发作。其特点是起效快、疗效高、作用持久。通常用药后24~48小时内临床症状消退,48~72小时血中疟原虫消失。

②抗肠道外阿米巴病作用。

③免疫抑制作用：大剂量氯喹能抑制免疫反应，偶尔用于类风湿性关节炎、红斑狼疮等。

(3)不良反应

①长期大剂量应用时角膜浸润，表现为视力模糊，少数影响视网膜，可引起视力障碍，应定期做眼科检查。

②有致畸作用，孕妇禁用。

③有肝肾损害，肝肾功能不良者慎用。

2.青蒿素类

青蒿素是我国学者从黄花蒿中提取的倍半萜内酯过氧化物，是一种高效、速效、低毒的新型抗疟药。本品为脂溶性，易透过血脑屏障。在体内代谢很快，排泄也快，有效血药浓度维持时间短。

主要用于耐氯喹的恶性疟，包括脑型疟的抢救。因有效血药浓度维持时间短，杀灭疟疾原虫不彻底，复燃率高达30%，与伯氨喹合用，可使复燃率降至10%。

(二)主要用于控制复发和传播的药物

伯氨喹　对间日疟红细胞外期迟发型子孢子(休眠子)有较强的杀灭作用，能根治间日疟；能杀灭各种疟原虫的配子体，阻止疟疾传播。

(三)主要用于病因性预防的抗疟药

乙胺嘧啶　目前用于病因性预防的首选抗疟药。能杀灭各种疟原虫红细胞外期速发型子孢子发育、繁殖而成的裂殖体，用于病因性预防(作用持久，服药一次，可维持一周以上)；对红细胞内期疟原虫仅能抑制未成熟的裂殖体，对已发育成熟的裂殖体则无效；阻止疟原虫在蚊体内的发育，起阻断传播的作用。

乙胺嘧啶为二氢叶酸还原酶抑制剂，阻止二氢叶酸转变为四氢叶酸，阻碍核酸的合成，从而抑制疟原虫的繁殖。

第二节　抗阿米巴病药

一、生活史

阿米巴病是由溶组织内阿米巴原虫所引起。溶组织内阿米巴有两种形态：包囊和滋养体。滋养体为致病因子，侵入肠壁引起痢疾症状，也可随肠壁血液或淋巴迁移至肠外组织(肝、肺、脑等)引起肠外阿米巴病；包囊是其传播的根源，在宿主环境不适时，滋养体转变为包囊，随粪便排出体外。根据感染部位的不同分为肠内和肠外感染。肠内感染可表现为急、慢性阿米巴痢疾，肠外感染则以阿米巴肝脓肿常见。现有的抗阿米巴病药物主要作用于滋养体，而对包囊无直接作用。

二、常用药物

(一)甲硝唑

1.药理作用和临床应用

(1)抗阿米巴作用：对肠内、肠外阿米巴滋养体有强大杀灭作用，治疗重症急性阿米巴痢疾与肠外阿米巴感染效果显著，对轻症阿米巴痢疾也有效，对无症状排包囊者疗效差（可能是肠道药物浓度较低之故）。

（2）抗滴虫作用：阴道毛滴虫感染治疗首选药。

（3）抗厌氧菌作用：用于G^+或G^-厌氧球菌和杆菌引起的产后盆腔炎、败血症和骨髓炎等治疗，也可与抗菌药合用防止妇科手术、胃肠外科手术时厌氧菌感染。

（4）抗贾第鞭毛虫作用：治愈率达 90%。

2.用药注意事项

（1）用药期间禁酒。

（2）急性中枢神经系统疾病者禁用。

（3）动物实验证明，长期大剂量使用有致癌作用，对细菌有致突变作用，妊娠早期禁用。

（二）替硝唑和奥硝唑

药理作用与甲硝唑相似。

（三）二氯尼特

本药可直接杀灭阿米巴滋养体，单用对无症状的排包囊者有效，也可用于治疗慢性阿米巴痢疾。对急性阿米巴痢疾疗效差，与甲硝唑合用，可防止复发。对肠外阿米巴病无效。

第三节　抗血吸虫病药

吡喹酮

为广谱抗吸虫药和驱绦虫药。对日本、埃及、曼氏血吸虫的成虫有迅速而强效的杀灭作用，对童虫也有作用，但较弱。对其他吸虫如华支睾吸虫、姜片吸虫、肺吸虫有显著杀灭作用，对各种绦虫感染和其幼虫引起的囊虫症、包虫病都也有不同程度的疗效。

吡喹酮达到有效浓度时，可提高肌肉活动，引起虫体痉挛性麻痹，失去吸附能力，导致虫体脱离宿主组织，如血吸虫从肠系膜静脉迅速移至肝脏。在较高治疗浓度时，可引起虫体表膜损伤，在宿主防御机制参与下，导致虫体破坏、死亡。

治疗各型血吸虫病，适用于慢性、急性、晚期及有并发症的血吸虫病患者。

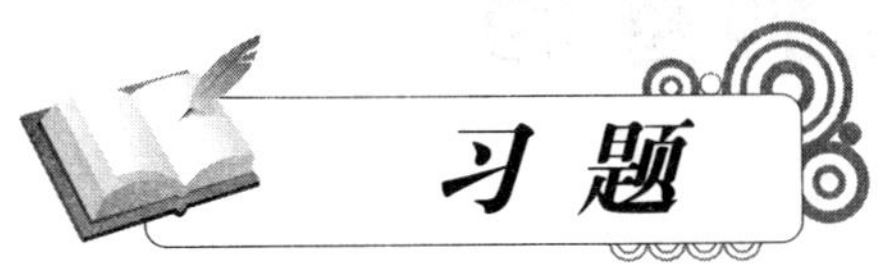

一、填空

1. 控制疟疾症状宜选用______ ;控制良性疟复发和传播宜选用______ ;疟疾病因性预防宜选用______ 。

2. 治疗滴虫性阴道炎首选______。

3. 目前主要的抗血吸虫病药是______,具有______、______、______、______等优点。

二、是非题

1. 乙胺嘧啶能抑制二氢叶酸合成酶,从而阻滞核酸的生成,使疟原虫的生长繁殖受到抑制,是较好的病因性预防药。 ( )

2. 伯氨喹对间日疟红细胞外期及各种疟原虫的配子体均有较好的杀灭作用,是控制良性疟复发及各种疟疾传播流行的有效药物。 ( )

3. 吡喹酮对多种血吸虫有不同程度的杀灭作用,对幼虫及成虫均有强大而迅速的杀灭作用。 ( )

4. 氯喹抗疟特点为作用快、强而持久,是目前控制疟疾症状的首选药物。 ( )

(刘晓菊)

第三十五章　抗恶性肿瘤药

1.熟悉常用抗恶性肿瘤药的药理作用、临床应用和主要不良反应。

2.了解抗恶性肿瘤药的分类。

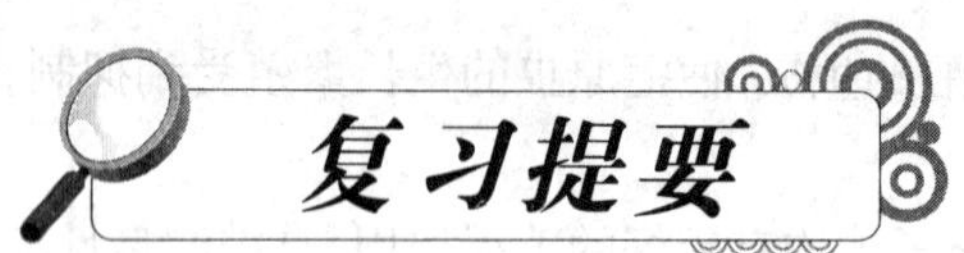

一、抗恶性肿瘤药的分类

(一)根据药物化学结构和来源

1.烷化剂　氮芥类、乙烯亚胺类、亚硝脲类、甲烷磺酸酯类等。

2.抗代谢药　叶酸、嘧啶、嘌呤类似物等。

3.抗肿瘤抗生素　蒽环类抗生素、丝裂霉素、博来霉素类、放线菌素类等。

4.抗肿瘤植物药　长春碱类、喜树碱类、紫杉醇类、三尖杉生物碱类、鬼臼毒素衍生物类。

5.激素　肾上腺皮质激素、雌激素、雄激素等激素及其拮抗药。

6.杂类　铂类配合物和酶等。

(二)根据抗肿瘤作用的生化机制

1.干扰核酸生物合成的药物。

2.直接影响DNA结构与功能的药物。

3.干扰转录过程和阻止RNA合成的药物。

4.干扰蛋白质合成与功能的药物。

5.影响激素平衡的药物。

二、抗恶性肿瘤药的作用机制

1.影响核酸生物合成　①阻止叶酸辅酶形成;②阻止嘌呤类核苷酸形成;③阻止嘧啶类核苷酸形成;④阻止核苷酸聚合。

2.破坏DNA结构和功能。

3.抑制转录过程阻止RNA合成。

4.影响蛋白质合成与功能　影响纺锤丝形成、干扰核蛋白体功能、干扰氨基酸供应。

5.影响体内激素平衡。

三、常用抗恶性肿瘤药物

（一）5-氟尿嘧啶

1.药理作用　在细胞内转变为5-氟尿嘧啶脱氧核苷酸而抑制脱氧胸苷酸合成酶，阻止脱氧尿苷酸甲基化为脱氧胸苷酸，从而影响DNA的合成。

2.临床应用　对多种肿瘤有效，特别是对消化道癌症和乳腺癌疗效较好；对卵巢癌、宫颈癌、绒毛膜上皮癌、膀胱癌等也有效。

（二）6-巯基嘌呤

1.药理作用　在体内先经酶催化变成硫代肌苷酸，它阻止肌苷酸转变为腺苷酸和鸟苷酸，干扰嘌呤代谢、阻碍核酸合成，对S期细胞及其他期细胞有效。肿瘤细胞对6-MP可产生耐药性，因耐药细胞中6-MP不易转变成硫代肌苷酸或产生后迅速降解之故。

2.临床应用　对儿童急性淋巴性白血病疗效好，因起效慢，多作维持药用。大剂量用于治疗绒毛上皮癌有一定疗效。

（三）氨甲蝶呤（MTX）

1.药理作用　氨甲蝶呤对二氢叶酸还原酶有强大而持久的抑制作用，使5-甲基四氢叶酸不足，脱氧胸苷酸合成受阻，影响DNA合成，MTX也可阻止嘌呤核苷酸的合成，故能干扰RNA和蛋白质的合成。

2.临床应用　主要用于儿童急性白血病和绒毛膜上皮癌。

（四）阿糖胞苷

1.药理作用　阿糖胞苷在体内经脱氧胞苷激酶催化成二或三磷酸胞苷，进而抑制DNA多聚酶的活性而影响DNA合成，也可以掺入DNA中干扰其复制使细胞死亡。S期细胞对之最敏感，属周期特异性药物。

2.临床应用　治疗成人急性粒细胞或单核细胞白血病的有效药物。对实体瘤单独应用疗效不满意。

（五）羟基脲

1.药理作用　羟基脲能抑制核苷管酸还原酶，阻止胞苷酸转变为脱氧胞苷酸，从而抑制DNA的合成。它能选择性地作用于S期细胞。

2.临床应用　对慢性粒细胞白血病有确效，也可用于急性患者。对转移性黑色素瘤也有暂时缓解作用。

（六）环磷酰胺

1.药理作用　环磷酰胺在体外无活性，在体内经肝细胞色素P-450氧化、裂环生成中间产物醛磷，它在肿瘤细胞内分解出有强效的磷酰胺氮芥，才与DNA发生烷化，形成交叉联结，抑制肿瘤细胞的生长繁殖。

2.临床应用　环磷酰胺抗瘤谱较广，对恶性淋巴瘤疗效显著；对多发性骨髓瘤、急性淋巴细胞白血病、卵巢癌、乳腺癌等也有效。

(七)丝裂霉素C

1.药理作用 丝裂霉素C化学结构中有乙撑亚胺及氨甲酰酯基团,具有烷化作用,能与DNA的双链交叉联结。可抑制DNA复制,也能使部分DNA断裂。属周期非特异性药物。

2.临床应用 抗瘤谱广,可用于胃、肺、乳癌,慢性粒细胞白血病,恶性淋巴瘤等。

(八)博来霉素

1.药理作用 能与铜或铁离子络合,使氧分子转成氧自由基,从而使DNA单链断裂,阻止DNA复制,干扰细胞分裂繁殖,属周期非特异性药物。

2.临床应用 主要用于鳞状上皮癌(头、颈、口腔、食管、阴茎、外阴、宫颈等);与 顺铂及长春碱合用治疗睾丸癌,可达根治效果;也用于淋巴瘤的联合治疗。

(九)顺铂

1.药理作用 顺铂先将所含之氯解离,然后与DNA上的鸟嘌呤、腺嘌呤和胞嘧啶形成DNA单链内两点的交叉联结,也可能形成双链间的交叉联结,从而破坏DNA的结构和功能,属周期非特异性药物。

2.临床应用 抗瘤谱广。对睾丸肿瘤与博来霉素及长春碱联合化疗,可以根治;对卵巢癌、肺癌、鼻咽癌、淋巴瘤、膀胱癌等也有效。

(十)放线菌素D

1.药理作用 能嵌入到DNA双螺旋链中相邻的鸟嘌呤和胞嘧啶碱基对之间,与DNA结合成复合体,阻碍RNA多聚酶的功能,阻止RNA特别是mRNA的合成,从而妨碍蛋白质合成而抑制肿瘤细胞生长。

2.临床应用 抗瘤谱较窄。对恶性葡萄胎、绒毛膜上皮癌、淋巴瘤、肾母细胞溶、横纹肌肉瘤及神经母细胞瘤等的疗效较好。

(十一)长春碱类

主要有长春碱及长春新碱

1.药理作用 作用机制在于药物与纺锤丝微管蛋白结合,使其变性,从而影响微管装配和纺锤丝的形成。是作用于M期的药。

2.临床应用 主要用于急性白血病、霍奇金病及绒毛膜上皮癌。对小儿急性淋巴细胞白血病疗效较好,起效较快,常与泼尼的松合用作诱导缓解药。对淋巴瘤类也有效,并常与其他类型抗癌药合用于多种癌瘤的治疗。

(十二)L-门冬酰胺酶

1.药理作用 L-门冬酰胺是重要氨基酸,某些肿瘤细胞不能自行合成,需从细胞外摄取。L-门冬酰胺酶可将血清门冬酰胺水解而使肿瘤细胞缺乏门冬酰胺供应,生长受抑。

2.临床应用 主要用于急性淋巴细胞白血病,缓解率约60%,但不持久。

(十三)肾上腺皮质激素

能抑制淋巴组织,使淋巴细胞溶解。对急性淋巴细胞白血病及恶性淋巴瘤的疗效较好,效快但短暂，且易产生耐药性。对慢性淋巴细胞白血病除减低淋巴细胞数目外，还可缓解伴发的自身免疫性贫血。对其他癌无效，且可能因抑制免疫功能而助长癌瘤扩展。常用的有泼尼松、泼尼松龙、地塞美松等。

（十四）雌激素

用于前列腺瘤治疗，因可抑制下丘脑及垂体，减低促间质细胞激素的分泌，从而减少睾丸间质细胞分泌睾酮；减少肾上腺皮质分泌雄激素；还用于绝经7年以上的乳癌而有内脏或软组织转移者。

（十五）雄激素

对晚期乳癌，尤其是骨转移者塑性、疗效佳；可抑制促卵泡激素的分泌，在肿瘤细胞对抗乳腺促进激素的促进作用，不利于乳癌生长。

四、抗恶性肿瘤药的毒性反应

（一）共有的毒性反应

1.骨髓抑制　除激素类、博来霉素和L-门冬酰胺酶外，大多数抗恶性肿瘤药物均有不同程度的骨髓抑制。

2.消化道反应　恶心和呕吐。

3.脱发。

（二）特有的毒性反应

1.心脏毒性　多柔比星。

2.呼吸系统毒性　博来霉素和白消安可引起肺纤维化。

3.肝脏毒性　MTX、羟基脲、CTX、鬼臼毒素类。

4.肾和膀胱毒性　CTX、顺铂。

5.神经毒性　长春新碱、紫杉醇。

6.过敏反应　L-门冬酰胺酶、博来霉素、紫杉醇。

一、单选题

1. 下列抗癌抗生素中,骨髓抑制副反应较轻的是(　　)。

A.柔红霉素　B.博来霉素　C.丝裂霉素 C
D.放线菌素 D　E.羟基柔红霉素

2. 氨甲蝶呤是常用的抗恶性肿瘤药,为减轻其骨髓抑制毒性反应,保护正常骨髓,常与下列哪种药合用(　　)。

A.叶酸　B.维生素 B_{12}　C.碳酸氢钠　D.巯乙磺酸钠　E.甲酰四氢叶酸钙

3. 阿糖胞苷的抗恶性肿瘤的作用机制是(　　)。

A.二氢叶酸还原酶抑制剂　B.胸苷酸合成酶抑制剂　C.嘌呤核苷酸互变抑制剂
D.核苷酸还原酶抑制剂　E.DNA 多聚酶抑制剂

4. 5-氟尿嘧啶可作为下列哪种肿瘤的临床基本用药(　　)。

A.消化道肿瘤　B.急性淋巴细胞白血病　C.慢性粒细胞性白血病
D.绒毛膜上皮癌　E.恶性黑色素瘤

5. 恶性肿瘤化疗后易于复发,其原因是(　　)。

A.M 期细胞对抗肿瘤药物不敏感　B.S 期细胞对抗肿瘤药物不敏感
C.G_1 期细胞对抗肿瘤药物不敏感　D.G_0 期细胞对抗肿瘤药物不敏感
E.G_2 期细胞对抗肿瘤药物不敏感

6. 环磷酰胺对哪种恶性肿瘤疗效显著(　　)。

A.多发性骨髓瘤　B.急性淋巴细胞性白血病　C.卵巢癌
D.乳腺癌　E.恶性淋巴瘤

7. 对儿童急性淋巴细胞性白血病,下列抗恶性肿瘤药物中疗效好、见效快的是(　　)。

A.6-巯基嘌呤　B.阿糖胞苷　C.长春新碱
D.环磷酰胺　E.丝裂霉素

二、多选题

1. 抗恶性肿瘤药物共有的毒性反应包括(　　)。

A.消化道黏膜损害　B.骨髓抑制　C.抑制免疫功能
D.脱发　E.肝、肾功能损害

三、简答题

试述抗恶性肿瘤药的不良反应。

（刘晓菊）

参考答案

第一章　绪言

一、名词解释

1.药理学：是研究药物与机体(包括病原体)之间相互作用及其规律的一门学科，是联系基础医学与临床医学的桥梁学科。

2.药物：是可以改变或查明机体生理功能及病理状态，用于预防、诊断和治疗疾病的物质。

3.新药：是指化学结构、药品组分或药理作用不同于现有药品的药物。

二、填空

1.药物效应动力学　药物代谢动力学

三、单选题

1.B　2.D　3.C

四、是非题

1.√　2.×

第二章　药物效应动力学

一、名词解释

1.药物效应动力学：研究药物对机体的作用及作用机制，研究内容包括药物与细胞靶点之间相互作用所引起的生物化学、生理学和形态学的变化，药物作用的全过程和分子机制。

2.药物作用：是指药物对机体的初始作用。

3.药理效应：是药物作用引起机体生理、生化功能或形态的变化，是药物作用的结果，是机体对药物反应的表现。

4.兴奋作用：凡是能使机体生理功能、生化代谢增强的作用称兴奋作用。

5.抑制作用：凡是能使机体生理功能、生化代谢减弱的作用称抑制作用。

6.对因治疗：用药目的在于消除致病因子，彻底治愈疾病的治疗，或称治本。

7.对症治疗：用药目的在于改善疾病症状的治疗，或称治标。

8.副反应：是指药物在治疗剂量时出现的与治疗目的无关的作用。副反应是药物本身固有的，是因药物选择性低而引起的，一般较轻并可以预知，多数是可以恢复的机体功能变化。有的药物随治疗目的不同，治疗作用和副作用可以互相转化。

9.依赖性：是指长期应用某些药物，机体对药物产生了依赖和需求，从而迫切要求继续使用以避免停药引起的不适。

10.停药反应：是指长期应用某些药物，突然停药后原有疾病的症状重现甚至加剧，又称反跳。

11.量效关系：在一定范围内同一药物的剂量(或浓度)增加或减少时，药物的效应随之增强或减弱，药物的这种剂量(或浓度)与效应直接的关系称为量效关系。

12.半数有效量：指能引起50%最大效应(量反应)或50%阳性反应(质反应)的剂量。

13.半数致死量：指能引起50%实验对象死亡的剂量。

14.治疗指数：指药物半数致死量与半数有效量之比，即$TI=LD_{50}/ED_{50}$，治疗指数越大药物越安全。

15.安全范围：指95%有效量(ED_{95})与5%致死量(LD_5)之间的距离，其距离越大越安全。

16.受体：是指存在于细胞膜、胞质内、细胞核上的生物大分子，能识别、结合特异性配体(药物、递质、激素等)产生效应。

17.激动药:既有亲和力又有效应力的药物。

18.阻断药:某些药物有较强亲和力,但无效应力,不能激动受体引起效应,但因占据受体而拮抗激动药的效应。

19.部分激动药:有较强亲和力,但效应力较小,单独存在时有较弱的激动受体作用,与激动药并用时可拮抗激动药的部分效应。

20.内在活性:药物与受体结合后激动受体的能力。

二、填空

1.兴奋　抑制

2.预防作用　对因治疗　对症治疗

3.致突变　致癌　致畸

4.精神依赖性　躯体依赖性　躯体依赖性

5.LD_{50}　ED_{50}

6.95%有效量(ED_{95})　5%致死量(LD_5)

7.亲和力　内在活性

8.亲和力　内在活性　完全激动药　部分激动药

9.亲和力　内在活性　竞争性阻断药　非竞争性阻断药

10.受体阻断药　"停药反跳"　激动药　耐受性

三、单选题

1.A　2.B　3.B　4.C　5.C　6.D　7.A　8.C　9.B　10.D　11.E　12.D

13.E　14.E　15.B　16.B　17.D　18.C　19.C　20.B　21.B　22.D　23.C

四、多选题

1.BCD　2.ABCD　3.ACDE　4.ABCD

五、是非题

1.×　2.×　3.√　4.×

六、简答题

不良反应的主要类型包括副反应、毒性反应、后遗效应、变态反应、继发反应、特异质反应、依赖性和停药反应。

第三章　药物代谢动力学

一、名词解释

1.药物代谢动力学:研究药物在体内变化规律的一门学科,研究内容包括药物的体内过程;药物在体内随时间变化的速率过程。

2.药物的转运:是指药物在体内通过各种生物膜的过程。

3.吸收:药物从给药部位进入血液循环的过程。

4.首过消除:口服给药,药物吸收过程中,被胃肠和肝细胞代谢酶部分灭活,使进入体循环的药量减少称首过消除,又称首过效应。

5.分布:是指药物吸收后从血液循环到达组织器官的过程。

6.结合型药物:与血浆蛋白结合的药物。

7.游离型药物:未与血浆蛋白结合的药物。

8.药酶诱导剂:是指能使肝药酶的量增多及活性增高的药物,如苯巴比妥、苯妥英钠、利福平等。

9.排泄：是指药物及其代谢产物经排泄或分泌器官排出体外的过程。

10.肝肠循环：随胆汁排入小肠的药物，有部分在小肠吸收经肝进入血液循环，称肝肠循环。

11.一级消除动力学：又称一级速率，是指单位时间内体内药物浓度按恒定比例转运和转化。

12.半衰期：是指血浆药物浓度下降一半所需的时间。

13.稳态浓度：又称坪值，药物在连续恒速或分次恒量给药过程中，血药浓度会逐渐增高，当药物吸收速度等于消除速度时，血药浓度维持在一个基本稳定的水平。

二、填空

1.吸收　分布　代谢　排泄　吸收　分布　排泄　代谢　代谢　排泄

2.被动转运　主动转运　被动

3.小　易于

4.肝脏　肾脏

5.肝肠循环　延长

6.一级消除动力学　零级消除动力学　一级速率

7.4~5　5

8.吸收　消除

9.首剂加倍

三、单选题

1.A　2.D　3.B　4.C　5.B　6.D　7.A　8.A　9.A　10.D　11.D　12.C
13.B　14.A　15.C　16.B　17.B　18.B　19.B　20.C　21.D

四、多选题

1.ABCDE　2.AC　3.BCDE

五、是非题

1.×　2.√　3.√　4.×　5.×

六、简答题

1. 分布是指药物吸收后从血液循环到达组织器官的过程。影响药物分布的因素有：

(1)药物与血浆蛋白结合：与血浆蛋白结合的药物称结合型药物；未与血浆蛋白结合的药物称游离型药物。

(2)体液 pH：弱酸性药物在细胞外液中易解离，不易进入细胞内液，弱碱性药物则相反。

(3)器官血流量：血流丰富的器官药物分布快而多。

(4)药物与组织的亲和力。

(5)体内屏障：① 血–脑屏障：大分子、解离型、结合型和非脂溶性药物不易透过血–脑屏障。但脑部炎症能增加血–脑屏障的通透性。② 胎盘屏障：母体内所有药物都能不同程度地通过胎盘屏障。

2. 半衰期是指血浆药物浓度下降一半所需的时间。其临床意义在于。

(1)反映机体消除药物的能力。

(2)是确定给药间隔时间的主要依据之一。通常给药间隔时间约为一个半衰期。

(3)预测达到稳态血药浓度的时间和体内药物基本消除的时间。按恒比消除的药物，每隔一个半衰期给予恒量药物，经过4~5个半衰期体内药物可达稳态血药浓度；按恒比消除的药物，给药一次后，经过5个半衰期药物基本消除。

(4)药物分类依据。

第四章　影响药物作用的因素和合理用药原则

一、名词解释

1.药物协同作用：是指联合用药时，药物效应增强。

2.药物拮抗作用：是指联合用药时，药物效应减弱或消失。

3.耐受性：是指在多次连续用药后，药物作用逐渐减弱，需增加剂量才能保持原有药效。

4.耐药性：又称抗药性，是指病原体或肿瘤细胞对化疗药物的敏感性降低。

5.合理用药：是指临床用药物治疗疾病时，根据患者的具体情况正确选择药物类别、药物种类、药物剂型和药物配伍。

6.安慰剂：是不具有药理活性，外观形似药品的制剂，可用于许多慢性疾病（心绞痛、神经官能症、疼痛）等患者。

7.快速耐受性：在短时间内应用几次后产生的耐受性。

8.配伍禁忌：是指药物在体外配制时，药物与药物、药物与辅料或溶媒发生化学或物理反应，可产生沉淀、混浊、气泡、有毒物质等，使疗效降低或毒性增加。

二、填空

1.年龄　性别　体重　遗传因素　疾病因素　心理因素

2.低敏性　高敏性　特异质

3.耐受性　耐药性　变态反应　依赖性

4.患者　药物类别　药物种类　药物剂型　药物配伍

5.协同作用　拮抗作用

6.月经　妊娠　分娩　哺乳

7.体重　体型

8.吸收程度　吸收速度　作用性质

三、单选题

1.B　2.D　3.A　4.E　5.E　6.B　7.E　8.C　9.D　10.B

四、多选题

1.ABC　2.ABCD　3.ABCD　4.BC

五、是非题

1.×　2.√　3.×　4.×　5.√　6.×　7.×

六、简答题

1.例如餐前服药吸收好，餐后服药可减轻药物对胃肠道的刺激。糖皮质激素长期应用时，可采用隔日清晨给药一次，以减少药物对肾上腺皮质功能的抑制。

2.合理用药的原则包括：

（1）明确诊断。

（2）严格掌握药物的适应证和禁忌证。

（3）根据药物的特性选择剂型和给药途径。

（4）根据病情和疗法确定用药剂量和疗程。

（5）科学的药物配伍。

第五章　传出神经系统药理概论

一、填空

1. 乙酰胆碱　去甲肾上腺素　胆碱能神经　去甲肾上腺素能神经　去甲肾上腺素能神经
2. 胆碱受体　M胆碱受体　N胆碱受体　肾上腺素受体　α肾上腺素受体　β肾上腺素受体
3. 心脏　肾小球旁细胞　支气管平滑肌　骨骼肌血管　脂肪组织
4. 骨骼肌收缩
5. 胆碱酯酶　儿茶酚氧位甲基转移酶(COMT)　单胺氧化酶(MAO)
6. N_1受体　N_2受体
7. M受体　N受体。
8. M胆碱受体　$α_1$肾上腺素受体

二、单选题

1.B　2.D　3.A　4.C　5.E　6.A　7.C　8.A　9.B　10.D

三、多选题

1.ABCDE　2.CD　3.ABC

四、是非题

1.√　2.×

五、简答题

1. M胆碱受体激动的效应：心脏抑制、胃肠道与支气管等内脏兴奋、瞳孔开大肌收缩(缩瞳)、睫状肌收缩、腺体分泌增加等。

N_1胆碱受体激动的效应：自主神经节兴奋。

N_2胆碱受体激动的效应：骨骼肌收缩。

$α_1$肾上腺素受体激动的效应：皮肤、黏膜、内脏血管收缩、瞳孔开大肌收缩(扩瞳)等。

$β_1$肾上腺素受体激动的效应：心率加快、心脏传导加速、收缩增强；肾小球旁细胞分泌肾素。

$β_2$肾上腺素受体激动的效应：骨骼肌血管、冠脉舒张，支气管舒张等。

$β_3$肾上腺素受体激动的效应：脂肪分解。

2. Ach在神经末梢的消除依赖于胆碱酯酶；NA在神经末梢的消除主要由去甲肾上腺素能神经突触前膜的胺泵摄取，称摄取1(神经性摄取)。

第六章　胆碱受体激动药和胆碱酯酶抑制药

一、名词解释

酶的老化：有机磷酸酯类中毒如不及时抢救使胆碱酯酶复活，则磷酰化胆碱酯酶生成更加稳定的单烷基或单烷基磷酰化胆碱酯酶，此时即使使用胆碱酯酶复活药亦不能恢复其活性，这种现象称为酶的老化。

二、填空

1. 眼睛　腺体　心血管系统　缩瞳　降低眼压　调节痉挛　青光眼　虹膜炎　内眦
2. 睫状肌　M　睫状肌　松弛　晶状体　凸　近物　远物
3. 胆碱酯酶　乙酰胆碱　骨骼肌　抑制胆碱酯酶，减少乙酰胆碱水解　促进运动神经末梢释放乙酰胆碱　直接兴奋骨骼肌运动终板上的N_2受体　重症肌无力

4.抑制胆碱酯酶　青光眼

5.M样　N样　中枢　M受体阻断药　胆碱酯酶复活药　阿托品　足量　反复　阿托品化　胆碱酯酶复活药

三、单选题

1.C　2.A　3.E　4.B　5.D　6.C　7.D　8.E　9.B　10.C　11.C　12.B

四、多选题

1.ABCDE　2.AD　3.AB　4.BCD　5.ABCE

五、是非题

1.×　2.×

六、简答题

1.毛果芸香碱的药理作用为缩瞳、降低眼压和调节痉挛。临床应用于青光眼、虹膜炎和放疗后口腔干燥及抗胆碱药物中毒的解救。滴眼时应压迫内眦以避免药物的全身反应。

2.新斯的明的药理作用为抑制胆碱酯酶活性,减少乙酰胆碱水解。产生如下作用。

(1)M样作用:①兴奋胃肠道、膀胱平滑肌;②减慢心率;③对抗阿托品中毒引起的外周症状。

(2)N样作用:对骨骼肌有强大兴奋作用。临床用于重症肌无力、对抗非除极化型肌松药作用、手术后腹气胀和尿潴留、阵发性室上性心动过速和青光眼的治疗。

3.有机磷酸酯类中毒的机制是与胆碱酯酶结合形成难以水解的磷酰化胆碱酯酶,使胆碱酯酶失活,乙酰胆碱蓄积,引起胆碱能神经系统功能亢进。中毒症状包括:

(1)急性中毒:轻度中毒以M样症状为主;中度中毒同时出现M样和N样症状;严重中毒除M样和N样症状外,同时出现显著中枢神经系统症状。①M样症状:恶心、呕吐、腹痛、腹泻、大小便失禁、瞳孔缩小、视物模糊、心动过缓、血压下降、出汗、流涕、呼吸道分泌物增加、肺部湿啰音、呼吸困难、发绀等;②N样症状:N_2受体激动引起肌肉震颤,N_1受体激动引起心动过速、血压升高;③中枢症状:先兴奋后抑制。

(2)慢性中毒:症状不典型,类似于神经衰弱综合征。

(3)迟发性神经损害:进行性上肢或下肢麻痹。

4.解磷定能减轻N样症状和中枢症状,但对M样症状影响较小,应与改善M样症状的阿托品合用。

第七章　胆碱受体阻断药

一、填空

1.抑制腺体分泌　扩张血管

2.扩张　升高　麻痹

3.唾液腺　汗腺

4.M

5.非除极化型肌肉松弛药　除极化型肌肉松弛药　筒箭毒碱　琥珀胆碱

6.静脉滴注

7.除极化型肌肉松弛药　除极化型肌肉松弛药琥珀胆碱经假性胆碱酯酶代谢

二、单选题

1.D　2.E　3.B　4.D　5.A　6.B　7.E　8.D　9.D　10.A　11.A　12.D　13.C

三、多选题

1.ACD　2.CD　3.ABCE　4.AE　5.BCD　6.BC　7.AC　8.ABCDE　9.ABD

四、是非题

1.×　2.×　3.√　4.√　5.√

五、简答题

1. 药理作用：①抑制腺体分泌；②对眼睛的作用：a.扩瞳，b.升高眼压，c.调节麻痹；③松弛内脏平滑肌；④解除迷走神经对心脏的抑制；⑤大剂量扩张血管；⑥对中枢神经系统的影响：兴奋→抑制。

临床应用：①解除平滑肌痉挛；②全身麻醉前给药；③眼科应用：a.虹膜睫状体炎，b.验光，c.检查眼底；④缓慢型心律失常；⑤抗感染性休克；⑥有机磷酸酯类中毒。

主要不良反应：口干、视物模糊、心悸、瞳孔扩大、皮肤潮红等。剂量过大导致中枢兴奋症状，重者发生昏迷、呼吸麻痹。

禁忌证：青光眼、前列腺肥大患者。

第八章　肾上腺素受体激动药

一、名词解释

肾上腺素升压作用的翻转：若预先给予α受体阻断药，再用肾上腺素，可引起血压明显降低，这是因为肾上腺素激动α受体引起皮肤、黏膜、内脏血管的收缩作用已被α受体阻断药所阻断，肾上腺素只表现出激动血管β_2受体的作用，使骨骼肌血管舒张，因此血压进一步下降。

二、填空

1.肾上腺素　麻黄碱

2.α受体阻断药酚妥拉明

3.α　β

4.骨骼肌　β_2

5.多巴胺　休克　急性肾衰竭

三、单选题

1.C　2.B　3.C　4.B　5.C　6.D　7.E　8.B　9.C　10.A

11.B　12.D　13.A　14.A　15.D　16.C　17.D　18.A

四、多选题

1.AD　2.ABC　3.ABCD　4.ABCDE

五、是非题

1.×　2.√

六、简答题

1. 机制为激动皮肤、黏膜、内脏血管平滑肌上的α_1受体，收缩小动脉和毛细血管前括约肌，升高血压；激动心脏β_1受体，增加心输出量；激动β_2受体，松弛支气管平滑肌；激动支气管黏膜α受体，使血管收缩、黏膜水肿减轻；减少过敏介质释放，扩张冠脉。

2.肾上腺素对血压的影响

（1）小剂量（治疗量）：激动心脏β_1受体，兴奋心脏，收缩压升高；激动血管β_2受体，舒张骨骼肌血管，舒张压不变或下降；脉压增大。

（2）大剂量：激动心脏β_1受体，兴奋心脏，收缩压升高；激动全身血管平滑肌α_1受体，强烈收缩全身血管，舒张压升高。

肾上腺素典型的血压改变为双相反应。

(3)肾上腺素升压作用的翻转:若预先给予α受体阻断药,再用肾上腺素,可引起血压明显降低,这是因为肾上腺素激动α受体引起皮肤、黏膜、内脏血管的收缩作用已被α受体阻断药所阻断,肾上腺素只表现出激动血管β_2受体的作用,使骨骼肌血管舒张,因此血压进一步下降。

去甲肾上腺素对血压的影响:激动β_1受体,兴奋心脏,收缩压升高;激动α受体,收缩血管,舒张压升高。

异丙肾上腺素对血压的影响:激动β_1受体,兴奋心脏,收缩压升高;激动β_2受体,舒张骨骼肌血管,舒张压下降;脉压增大。

第九章　肾上腺素受体阻断药

一、填空

1.竞争性阻断血管α_1受体　直接扩张血管平滑肌

2.酚妥拉明

3.哌唑嗪

4.非选择性β受体阻断药　选择性β_1受体阻断药　α、β受体阻断药　普萘洛尔　美托洛尔　拉贝洛尔

5.反跳现象　β受体上调

6.原发性开角型青光眼

二、单选题

1.B　2.A　3.D　4.C　5.E　6.D　7.A　8.C　9.B　10.A

三、多选题

1.ABCD　2.ADE　3.BC　4.ABCDE　5.ABC

四、是非题

1.×　2.×

五、简答题

氯丙嗪中毒引起血压下降与氯丙嗪α受体阻断作用有关,而事先使用了α受体阻断药,再使用肾上腺素,肾上腺素激动α受体、收缩血管升高血压的作用无法表现出来,而激动β_2受体、扩张血管降低血压的作用得以充分体现,因此用肾上腺素解救氯丙嗪中毒引起血压下降,非但无升压效应,相反会使血压进一步下降。

第十章　麻醉药

一、名词解释

1.表面麻醉:是将穿透性强的局麻药涂于黏膜表面,使黏膜下神经末梢麻醉。

2.浸润麻醉:是将局麻药溶液注入皮下或手术野附近组织,使局部神经末梢麻醉。

3.传导麻醉:是将局麻药溶液注射到外周神经干附近,阻断神经冲动传导。

4.腰麻:是将局麻药溶液注入腰椎蛛网膜下腔,麻醉该部位的脊神经根。

二、填空

1.普鲁卡因　利多卡因　丁哌卡因

2.利多卡因　丁卡因　普鲁卡因

3.假性胆碱酯酶
4.丁卡因　利多卡因
5.酯类　酰胺类
6.麻醉前给药　诱导麻醉　基础麻醉　合用肌松药　神经安定镇痛术
7.诱导　呼吸道　麻醉深度

三、单选题

1.A　2.B　3.B　4.A　5.D　6.E　7.A　8.B　9.D　10.A　11.D　12.B　13.C　14.D

四、多选题

1.AD　2.BCE　3.ABCDE　4.ACD

五、简答题

利多卡因与普鲁卡因比起效快，作用强而持久，穿透力强，对组织无刺激性，安全范围较大，适用于各种麻醉方法。

普鲁卡因对组织无刺激性，但对黏膜穿透力弱，可用于表面麻醉以外的多种局麻方法，过量可引起中枢、心血管反应和过敏反应。

丁卡因局麻作用比普鲁卡因强，吸收毒性也大，能穿透黏膜，作用迅速，最常用于表面麻醉，也可用于浸润麻醉以外的其他局麻方法。

第十一章　镇静催眠药和抗惊厥药

一、名词解释

1.镇静药是使中枢神经抑制，使兴奋、不安及烦躁的情绪趋于正常的药物。

2.催眠药是能较快，较深地抑制中枢神经系统，引起类似正常睡眠状态，从而改善睡眠的药物。

二、单选题

1.D　2.C　3.E　4.D　5.C

三、多选题

1.ABCD　2.ABCE　3.ABE

四、简答题

1.巴比妥类急性中毒的抢救原则：①排除毒物：洗胃，给盐类泻药；②支持疗法：维持呼吸（人工呼吸、气管插管）和血压；③加速排泄：给利尿剂；④严重休克时，必要时给予输血或血液透析。

2.戒断症状的表现是：恶心、腹泻、便秘、震颤、失眠、坐立不安、流鼻涕等症状在早期出现，严重时可出现幻觉、头痛、心慌意乱甚至惊厥，戒断症状多数在突停药物后2~3天发生。预防：缓慢减药，不可突然停用。

第十二章　中枢兴奋药和促大脑功能恢复药

一、填空

1.大脑皮层　延髓呼吸　血管运动　迷走神经
2.收缩脑血管

3.中枢性呼吸衰竭

二、单选题

1.B 2.C 3.B 4.D 5.E

三、多选题

1.ACDE 2.BDE 3.AB 4.AE 5.ABCDE

三、简答题

1.中枢神经系统：兴奋大脑皮层、延髓和脊髓；心血管系统：兴奋迷走神经中枢，直接兴奋心脏，扩张脑血管以外的其他血管；舒张平滑肌；利尿；增强骨骼肌机能活动；促进胃酸、胃蛋白酶分泌。

2.咖啡因的主要临床用途：严重传染病及中枢抑制药引起的中枢抑制，偏头痛，神经官能症。

第十三章　抗癫痫药

一、填空

1.静注地西泮

2.乙琥胺

3.泻下　利胆

二、单选题

1.D 2.C 3.D 4.D 5.C 6.B 7.C 8.E 9.C 10.B

三、多选题

1.DE 2.DE 3.ABC 4.ABCDE 5.ABCDE 6. ACDE 7. ABDE 8. AC 9. ABCDE

三、简答题

苯妥英钠抗癫痫作用强，对大发作、局限性发作疗效好，对精神运动性发作次之，对失神小发作无效。其作用机制主要通过稳定神经细胞膜，降低细胞膜对 Na^{+} 和 Ca^{2+} 的通透性，从而降低细胞的兴奋性，阻止癫痫病灶异常放电向周围正常脑组织扩散，但不直接抑制病灶局部的高频放电。

第十四章　治疗中枢神经系统疾病药

一、单选题

1. C 2. A 3. D 4.B 5.C 6.D 7.D

二、多选题

1. CD 2. ABE

三、简答题

左旋多巴的主要外周不良反应：①胃肠道反应：宜饭后服药。②心血管反应：常见体位性低血压。应嘱患者服药后在卧床起立时，动作应缓慢，本品还可引起心动过速、心律失常。③不自主运动和“开–关现象”，注意保护患者避免受伤。④精神障碍：需密切观察，及时提醒主治医师减量。合用卡比多巴可减少左旋多巴在外周的脱羧作用，减少不良反应。

第十五章　抗精神失常药

一、名词解释

用氯丙嗪加哌替啶、异丙嗪等配伍组成冬眠合剂，配合物理降温(冰袋等)使患者体温降至37°C以下，进入类似变温动物“冬眠”状态，称人工冬眠。

二、填空

1.阻断黑质–纹状体DA受体

2.中脑–边缘系统通路　中脑–皮质通路　DA

3.阻断CTZ中D_2–受体　直接抑制呕吐中枢

4.阻断结节–漏斗通路中的DA–受体

5.抑制脑内神经末梢释放NA和DA　促进突触前膜对NA再摄取

6.抑郁症　小儿遗尿症

7.抑制脑内神经末梢对NA和5–HT的再摄取

8.诱发癫痫发作

9.三环　抗抑郁

10.吩噻嗪　抗精神分裂症

11.氯化钠　加速锂排泄

12.哌替啶　氯丙嗪

13.治疗精神病　止吐　人工冬眠疗法

三、单选题

1.C　2.D　3.C　4.C　5.A　6.D　7.C　8.D

四、多选题

1.ABC　2.BCD　3.ABCD　4.BCDE　5.ABCE　6.ABCE　7.ABCE

五、简答题

氯丙嗪引起锥外系反应的表现：锥外系反应的临床表现：①震颤麻痹综合征：肌强直、面具脸、流涎、震颤等；②急性肌张力障碍：为局部肌群的持续性痉挛，如斜颈、口眼歪斜、下额不能闭合、怪相、眼球上翻、严重时角弓反张、扭转性痉挛；③静坐不能：明显的坐立不安、烦躁等。

第十六章　镇痛药

一、填空

1.吗啡(度冷丁、可待因等)　镇痛新　纳洛酮　罗通定

2.呼吸抑制　针尖样瞳孔

3.镇痛　心源性哮喘　止泻

4.镇痛　麻醉前给药　人工冬眠　心源性哮喘

5.镇痛　镇静催眠

6.纳洛酮

7.可待因

二、单选题

1.E　2.D　3.E　4.D　5.D　6.A　7.B　8.D　9.C　10.B　11.B

三、多选题

1.ABCE　2. ABE　3.ABCDE　4.ABE　5.ABDE　6.CD

四、简答题

1.心源性哮喘。因为:①扩张外周血管→外周阻力↓→心脏前后负荷↓;②吗啡抑制呼吸中枢→呼吸中枢对CO_2的敏感性↓→过度反射性呼吸↓;③镇静→耗氧↓; 而吗啡有兴奋平滑肌的作用,包括支气管平滑肌,有诱发或加重支气管痉挛作用,因此不用于支气管哮喘。

2.吗啡主要通过与体内阿片受体结合,作用有:

(1)中枢神经系统:①镇痛镇静作用,还有欣快感和改善患者情绪;②抑制呼吸;③镇咳作用;④缩瞳作用,中毒剂量呈针尖样瞳孔;⑤催吐作用。

(2)心血管系统,使外周血管扩张,引起体位性低血压。

(3)平滑肌作用,兴奋胃肠道平滑肌和括约肌,易引起便秘,使胆道平滑肌痉挛,奥狄括约肌收缩,胆囊内压升高引起上腹部不适,诱发胆绞痛;提高膀胱平滑肌张力,导致尿潴留;大剂量收缩支气管,故哮喘患者禁用。

3.哌替啶通过与体内阿片受体结合产生药理作用,①中枢作用:镇痛作用仅吗啡1/10,维持时间短,同时有镇静和欣快感;②呼吸抑制作用弱,有催吐作用,但无镇咳和缩瞳作用;③对于平滑肌兴奋作用弱,故不引起便秘,也无止泻作用;④对妊娠末期子宫无抗催产素兴奋子宫作用,故不会延缓产程,在估计2~4小时内胎儿不能分娩情况下,可用于分娩止痛;⑤对心血管作用比吗啡弱,扩张外周血管可引起体位性低血压。久用成瘾,应控制使用。

第十七章　解热镇痛抗炎药和抗痛风药

一、名词解释

1.水杨酸反应:阿司匹林剂量过大可引起头痛、眩晕、恶心、呕吐、耳鸣、视力及听力减退、频繁,甚至精神失常、酸碱平衡失调、出血等一系列反应。

2.瑞氏综合征:患有病毒性感染伴有发热的青少年,服用阿司匹林后出现发热,惊厥、频繁呕吐、肝功能异常、颅内压增高与昏迷等一系列综合征。

二、填空

1.别嘌呤醇(丙磺舒)　秋水仙碱

2.甾体　解热、镇痛、抗炎　PG(前列腺素)合成酶　PG

3.溃疡或出血　PG　保护

4.抑制尿酸的生成　促进尿酸的排泄　尿酸　别嘌呤醇　丙磺舒

三、单选题

1.D　2.E　3.A　4.D

四、多选题

1.ACDE　2. ABCDE　3.AB　4.ABC　5.ABCDE

五、简答题

1.大剂量长期应用阿司匹林易发生中毒症状,可出现头痛、眩晕、恶心、呕吐、耳鸣、听视力减退,甚至精神失常等。应即刻停药,给予对症治疗,并可静脉滴入碳酸氢钠溶液以碱化尿液,加速药物从尿中排泄。

2.对乙酰氨基酚有较强的解热镇痛作用,但无抗风湿作用。作用缓和持久,胃肠反应较小,不引起凝血障碍,用量大时其代谢产物能氧化血红蛋白而形成高铁血红蛋白,使组织缺氧,发生发绀及溶血性贫血，长期应用对肝有损害，过量急性中毒可致肝坏死，还可致肾损害、血小板减少等。

3.吗啡具有强大的镇痛作用，对各种疼痛均有效，同时还有镇静，欣快感和改善患者情绪，阿司匹林具有中等程度的镇痛作用，对慢性钝痛效好，对严重创伤性剧痛及内脏绞痛无效。吗啡作用于中枢阿片受体产生镇痛作用，而阿司匹林镇痛作用部位主要在外周，通过抑制局部前列腺素合成产生作用。临床应用吗啡主要用于急性剧痛和晚期癌性疼痛，易成瘾，控制使用。阿司匹林主要用于慢性钝痛，因不产生欣快感和成瘾性，广泛使用。

第十八章　抗心律失常药

一、单选题

1.C　2.A　3.B　4.A　5.D　6.A　7.C　8.E　9.D　10.D
11.B　12.A　13.D　14.C　15.C

二、多选题

1.ABCD　2.AC　3.ABCDE　4.BCDE　5.AB　6.ABCE　7.CDE　8.ABCDE　9.ACE
10.ABCDE

三、简答题

抗心律失常药的基本电生理作用：

1.降低自律性：通过增加最大舒张电位，或减慢4相自动除极速率，或上移阈电位等。

2.减少后除极与触发活动：1.减少早后除极；2.减少晚后除极。

3.改变膜反应性而改变传导性，终止或取消折返激动。

(1)增强膜反应性加快传导，取消单向传导阻滞，终止折返激动。

(2)降低膜反应性减慢传导，变单向阻滞为双向阻滞而终止折返激动。

4.延长不应期终止及防止折返的发生，影响不应期的三种情况。

(1)延长APD、ERP，而以延长ERP更为显著，为绝对延长ERP。

(2)缩短APD、ERP，而以缩短APD更为显著，为相对延长ERP。

(3)使相邻细胞不均一的ERP趋向均一化。

第十九章　利尿药和脱水药

一、名词解释

1.利尿药：是一类直接作用于肾脏，影响尿液生成过程，促进电解质和水的排出，消除水肿的药物。

2.脱水药：是指在体内不被代谢或代谢较慢，静脉给药后能迅速升高血浆渗透压，引起组织脱水的药物。

二、填空

1.呋塞米　依他尼酸　布美他尼　髓袢升支粗段

2.螺内酯　氨苯蝶啶　阿米洛利

3.远曲小管近端　Na^+/Cl^-

4.水肿　高血压　尿崩症

5.甘露醇　山梨醇　高渗葡萄糖

6.水和电解质紊乱　耳毒性　高尿酸血症

7.青光眼 脑水肿

三、单选题

1.C 2.C 3.E 4.E 5.B 6.B 7.B 8.B 9.E

四、多选题

1.CDE 2.CE 3.ABDE 4.ABE 5.BDE 6.BCE 7.BCDE

五、简答题

1.①高效利尿药有呋塞米(速尿)、依他尼酸及布美他尼(最强),作用于髓袢升支粗段髓质和皮质部;②中效利尿药有氢氯噻嗪,作用于远曲小管前段皮质部;③低效利尿药留钾利尿药包括螺内酯(竞争拮抗醛固酮)和氨苯蝶啶(抑制远曲小管及集合管的K^+–Na^+交换)及碳酸酐酶抑制剂乙酰唑胺,后者主要作用于远曲小管,对碳酸酐酶抑制。

2. 呋塞米的利尿作用特点是:抑制髓袢升支粗段髓质和皮质部的Na^+–K^+–$2Cl^-$共用转运系统,抑制Na^+、Cl^-再吸收。降低肾脏的稀释和浓缩功能。尿中排出大量Na^+、K^+、Cl^-。利尿作用强、快、短。作用各种严重水肿、急性肺水肿、脑水肿、急慢性肾衰竭及加速毒以排泄。不良反应大。

3. 氢氯噻嗪利尿特点主要是抑制远曲小管皮质部Na^+、Cl^-共同转运系统,降低成本肾脏的尿稀释功能,中等强度利尿,尿中排出Na^+、K^+、Cl^-等离子。常用于各种水肿、高血压及尿崩症。

第二十章 抗高血压药

一、填空

1.氯沙坦 2.可乐定 利血平 3.血管紧张素转化酶 4.α_1

二、单选题

1.D 2.C 3.B 4.A 5.B 6.B 7.A 8.D 9.A 10.C 11.C 12.B

三、多选题

1.ABCDE 2.ABD 3.ABCD 4.ABCDE 5.ACDE 6.DE

四、名词解释

首剂现象:部分患者首次服用哌唑嗪可引起严重的体位性低血压、晕厥、心悸等,称为首剂现象。

五、简答题

1.抗高血压药的应用原则:①根据病情的轻重选药:非药物治疗无效的轻度高血压可首先选用氢氯噻嗪,中度高血压可在利尿药的基础上加用β受体阻断药、钙通道阻滞药或ACEI,重度高血压在上述用药基础上改用或加用作用较强的药物;②根据患者的并发症选药:如伴有支气管哮喘的患者不能用β受体阻断药;③联合用药,不宜将作用机制相同的同类药物或毒副作用相同的不同类药联合应用;④剂量个体化,尤其是应用可乐定、普萘洛尔、肼屈嗪等药时。

2.噻嗪类利尿药的降压机制:①早期降压机制:排钠利尿,减少血容量;②长期降压机制:由于体内轻度缺钠,小动脉壁细胞内少钠,经Na^+–Ca^{2+}交换,致细胞内钙离子减少,血管平滑肌对NA等血管收缩物质的敏感性降低,张力降低所致。

六、论述题

1.抗高血压药的分类及各类代表药:①交感神经阻滞药:a.中枢性抗高血压药(可乐定等);b.神经节阻断药;c.抗去甲肾上腺素能神经末梢药(利血平、胍乙啶);d.肾上腺素受体阻断药,包括β受体阻断药(如普萘洛尔)、α受体阻断药(如哌唑嗪)和α和β受体阻断药(如拉贝洛尔)。②

血管舒张药，包括直接舒张血管药（如肼屈嗪、硝普钠）、钙通道阻滞药（如硝苯地平）和钾通道开放药（如米诺地尔）。③影响血管紧张素Ⅱ形成和作用的药，包括ACE抑制药（如卡托普利）和血管紧张素Ⅱ受体阻断药（如氯沙坦）；④利尿药（如氢氯噻嗪、吲达帕胺）。

2. 本类药物通过抑制ACE，减少AngⅡ的生成，降低循环与血管组织RAS活性，发挥降压作用。①抑制血浆与组织中ACE→AngⅡ↓→舒张动脉与静脉→外周血管阻力↓；②减慢缓激肽降解→缓激肽↑→NO和PG生成↑→血管舒张；③减弱AngⅡ对交感神经末梢突触前膜AT受体的作用→NA释放↓同时抑制中枢RAS→中枢交感神经活性↓外周交感神经活性↓；④抑制血管ACE活性防止血管平滑肌增生和血管构型重建→血管硬化↓→改善动脉顺应性；⑤减少肾脏组织中AngⅡ→AngⅡ的抗利尿作用及促进醛固酮分泌↓水钠排泄↑→水钠潴留↓。

3.①阻断心脏的β_1受体，抑制心脏，使血压下降；②阻断肾脏β_1受体，抑制肾素分泌，减少血管紧张素Ⅱ和醛固酮的形成，使血压降低；③阻断交感神经末梢突触前膜β受体，抑制其正反馈作用，减少NA释放而降压；④阻断中枢β受体，使外周交感神经张力降低，血压下降；⑤改变压力感受器的敏感性；⑥增加前列环素的合成。

第二十一章　抗慢性心功能不全药

一、填空

1.洋地黄毒苷　地高辛

2.洋地黄毒苷　地高辛

3.明显抑制心肌细胞膜上的Na^+-K^+-ATP酶

4.苯妥英钠

5.心房纤颤　心室率快

6.激动　提高　增加　激动　降低

7.降低心脏的前后负荷，改善心功能

8.改善心脏舒张功能　缓解由儿茶酚胺所引起的心肌损害　抑制PG或肾素所产生的缩血管作用　使β受体发生向上调节以恢复对内源性儿茶酚胺的敏感性

二、单选题

1.A　2.C　3.D　4.A　5.D　6.D　7.C　8.D　9.B

三、多选题

1.ABCD　2.CE　3.ABCDE　4.AC　5.ABCDE　6.ABCD　7.CDE　8.ABCDE　9.ABCDE　10.BDE

四、简答题

1.慢性心功能不全治疗药的分类及代表药

（1）正性肌力作用的药物：①强心苷类：地高辛；②β受体激动剂：多巴酚丁胺；③磷酸二酯酶抑制药：氨力农；④钙增敏剂。

（2）减负荷药：①利尿药：氢氯噻嗪；②血管扩张药：硝普钠、肼屈嗪、哌唑嗪；③钙通道阻滞药：氨氯地平。

（3）肾素-血管紧张素系统抑制药：①血管紧张素Ⅰ转化酶抑制药：卡托普利；②血管紧张素Ⅱ受体阻断：氯沙坦。

（4）β受体阻断药：卡维地洛。

2.简述强心苷的给药方法

（1）传统给药法：①全效量给药方法：缓给法、速给法；②维持量给药法。

（2）逐日恒量给药法。

五、论述题

强心苷的临床用途及其药理依据：

(1)慢性心功能不全：其中对高血压、心瓣膜病、先心病引起的低输出量的慢性心功能不全效果好。药理依据：①增强心肌收缩力：a.使心脏收缩有力敏捷，舒张期相对延长，心脏可得到充分的休息，冠状动脉获得更多的血液灌注，使心脏得到更多的氧气和能量的供应。也有利于静脉血液回流，增加每搏排出量。b.增加衰竭心脏的心排出量。c.降低衰竭心脏的耗氧量。②负性频率作用 治疗量的强心苷对心衰伴心率加快者效果明显。可降低心肌耗氧量，又可延长舒张期，既能增加冠脉流量，使心肌得到充分的氧气和能量供应，还能使回心血量增加，在正性肌力作用的推动下，使心排出量增加，有利于解除心衰的症状。③利尿作用：强心苷对心功能不全的患者可产生利尿作用，减轻心衰患者水钠潴留，减小心脏容积及心脏前后负荷，从而改善心功能，增加心排出量。

(2)心房纤颤和心房扑动：①通过兴奋迷走神经或对房室结的直接作用，减慢房室传导，增加房室结中隐匿性传导，使过多的心房冲动不能穿过房室结到达心室，从而使心室率恢复或接近正常，改善心脏的泵血功能，解除心衰症状，但对多数患者并不能中止心房纤颤。②可缩短心房的有效不应期，而且对整个心房作用极不均匀，易将扑动变为颤动，再通过增加隐匿性传导而减慢心室率。③有部分病例在转为房颤后停用强心苷，相当于取消其缩短不应期的作用，相对延长了心房有效不应期，因而能中止房内折返，使心脏恢复窦性节律。

(3)阵发性室上性心动过速：可用强心苷增强迷走神经功能，降低心房的兴奋性或抑制房室传导，延长房室结有效不应期来终止发作。

2.强心苷的不良反应和防治措施：

(1)不良反应：①胃肠道反应最常见的早期中毒症状，表现为恶心、呕吐，还可致厌食及腹泻。剧烈呕吐可因失钾而引起强心苷中毒，可考虑停药。还应注意排除胃肠道症状是否因为强心苷用量不足心衰未得到控制所致。②中枢神经系统反应，主要表现有眩晕、头痛、失眠、疲倦和谵妄等症状。视觉障碍，如黄视、绿视症及视物模糊、阅读困难等。视觉异常通常是强心苷中毒的先兆，即停药的指征之一。③心脏反应，可出现各种心律失常(包括各种缓慢型和快速型心律失常)。室性早搏出现最早最多，室性心动过速最为严重。

(2)强心苷中毒的预防：①注意用药剂量个体化：患者对强心苷的敏感性个体差异性很大，要做到用药剂量个体化。②进行血药浓度监测，随时调整给药方案。③防止诱发因素：低血钾、低血镁、高血钙、心肌缺血缺氧、酸血症，老年人肾功能低下(易发生地高辛中毒)；与某些药物的相互作用，如奎尼丁、维拉帕米和红霉素提高地高辛血药浓度；拟肾上腺素药增强心肌对强心苷敏感性。④警惕中毒先兆：如室性早搏、二联律；窦性心动过缓(心率低于60次/分)和色觉异常(黄绿视)等。一旦发现应及时停药。轻微中毒者，停药后中毒症状可自行消失。出现心脏毒性反应快速型心律失常，包括室上性心律失常伴有房室传导阻滞者首选苯妥英钠。室性心律失常，如室性心动过速及室颤应选用利多卡因。对极严重的地高辛中毒者，可应用地高辛Fab抗体。

第二十二章 抗心绞痛药

一、填空

1.降低心肌耗氧 增加心肌供氧

2.硝苯地平 维拉帕米 地尔硫䓬

3.治疗各型心绞痛 治疗心衰

4.舌下 静脉 皮肤黏膜

5.细胞内巯基

6.变异
7.硝酸甘油
8. 血管
9.心动过缓　心功能不全　支气管哮喘　哮喘既往史
10.口服　逐渐减量　突然停药
11.坐位

二、单选题

1.D　2.D　3.C　4.C　5.C　6.A　7.A　8.C

三、多选题

1.ABCDE　2.ABE　3.ABCD　4.ABD　5.AE　6.ACE　7.CD　8.BCD
9.ABCD　10.ABCDE　11.ABC　12.ABC

四、简答题

普萘洛尔与硝酸酯类联合应用抗心绞痛的药理学基础:①硝酸甘油具有较强的扩血管作用,使用不当可引起反射性的交感神经兴奋,导致心率加快,心收缩力加强,从而产生心悸甚至诱发和加重心绞痛。②普萘洛尔通过抑制心脏,可减慢心率。两类药联合应用可以互相抵消各自的不良反应,并可增强抗心绞痛作用。

第二十三章　作用于血液及造血系统药

一、填空

1.早　纤维蛋白　凝血因子
2.硫酸鱼精蛋白　维生素 K　氨甲苯酸
3.抗凝血酶Ⅲ　血小板聚集
4.枸橼酸钠
5.纤维蛋白原　纤维蛋白
6.Fe^{2+}　十二指肠　空肠上段
7.硫酸亚铁　枸橼酸铁铵　右旋糖酐铁
8.叶酸　维生素 B_{12}

二、单选题

1.C　2.D　3.B　4.D　5.C　6.D　7.C　8.A　9.B　10.C　11.D　12.D　13.E　14.D　15.A

三、多选题

1.BCD　2.ABCDE　3.ABC　4.ABCD　5.ADE　6.ABC　7.CDE　8.CD　9.ABCDE　10.ABC

四、简答题

肝素与双香豆素抗凝血作用的异同:

(1)肝素在体内、外均可抗凝,特点是显效快,持续时间短,口服无效,其作用机制主要是激活血浆内抗凝血酶Ⅲ。

(2)双香豆素只有体内抗凝作用,特点是显效慢,作用过于持久,不易控制,可以口服,其作用机制是在肝脏抑制维生素K由环氧化物向氢醌型转化,从而阻止维生素 K 的反复利用。

第二十四章　作用于消化系统药

一、填空

缓解或中和胃内容物酸度，解除胃酸对黏膜和溃疡面的刺激

二、单选题

1.C　2.C　3.D　4.E　5.C

三、多选题

1.ABCDE　2.ABDE　3.ABC　4.B

四、简答题

胃酸分泌抑制药的作用机制和特点：H_2受体阻断药有高度选择和竞争性抑制H_2受体，抑制各种原因的胃酸分泌，对基础的和夜间胃酸分泌均有效，且不良反应小。M受体阻断药能选择性阻断胃壁细胞上的M_1受体，抑制胃酸分泌，副作用较少。降低胃酸分泌作用虽比西咪替丁弱，但预防作用于后者相同。H-泵抑制药通过干扰胃壁细胞内质子泵，即H^--K^+-ATP酶，而抑制各种刺激引起的胃酸分泌，抑制作用不可逆，且具剂量相关性，是一种新型抗消化道溃疡最有效的药物。

第二十五章　肾上腺皮质激素类药

一、填空

1. 医源性肾上腺皮质功能不全　反跳现象
2. 满月脸、水牛背、肌无力或萎缩、水肿、低血钾、高血压、糖尿病等

二、单选题

1. D　2. C　3. C　4. D　5. A　6. B　7. D　8. A

三、多选题

1. ABCD　2. ABDE　3. ACDE　4. ABC

四、是非题

1. ×　2. ×　3. ×　4.√　5.√　6. ×

五、论述题

1.①抗炎作用：能对抗各种原因引起的早期渗出性炎症，抑制炎症后期毛细血管和纤维母细胞增生，延缓肉芽组织生成，防止粘连和瘢痕形成，减轻后遗症。②免疫抑制作用。③抗毒作用：提高机体对细菌内毒素的耐受力，迅速退热并缓解毒血症状。④抗休克作用。⑤刺激骨髓造血机能：糖皮质激素能使红细胞和血红蛋白含量增加，中性粒细胞增多。

2.①医源性肾上腺皮质功能亢进：表现为满月脸、水牛背、向心性肥胖、皮肤变薄、痤疮、低血钾、高血压、糖尿病等。②诱发和加重感染：可诱发感染或使潜在的病灶扩散。③诱发或加剧胃、十二指肠溃疡，甚至造成消化道出血或穿孔。④心血管系统并发症：长期应用可引起高血压和动脉粥样硬化。⑤骨质疏松，肌肉萎缩。伤口愈合迟缓，骨质疏松，自发性骨折，影响生长发育。孕妇可引起畸胎。⑥精神失常，小儿可诱发惊厥。

第二十六章　甲状腺激素类药和抗甲状腺药

一、填空

1. T_3　T_4

2. 单纯性甲状腺肿　蛋白水解酶　释放　甲亢术前准备　甲状腺危象

3. 硫脲类　大剂量碘和碘化物　放射性碘　β受体阻断药

二、单选题

1. C　2. B　3. C　4. D　5. A　6. E　7. E　8. D　9. C　10. C

三、多选题

1. ABC　2. ABCE　3. AC　4. ABC

四、是非题

1. √　2. ×

五、简答题

1. ①硫脲类：使甲状腺功能恢复或接近正常；②术前2周加服碘剂：使腺体坚实，减少出血，利于手术。

2. ①一般反应：表现为咽喉不适、口内金属味、呼吸道刺激、鼻窦和眼结膜炎症等；②变态反应，表现为发热、皮疹、血管神经性水肿，严重时可因上呼吸道水肿及喉头水肿而窒息；③诱发甲状腺功能紊乱：长期服用可诱发甲亢，进入乳汁及胎盘诱发新生儿甲状腺肿。

3. 甲状腺激素可用作替代疗法，治疗呆小病、黏液性水肿；还可用于单纯性甲状腺治疗和 T_3 抑制性试验。老人和心脏病者慎用，以免诱发或加重心脏病变。

第二十七章　胰岛素及口服降血糖药

一、填空

1. Ⅰ型糖尿病　Ⅱ型糖尿病

2. 口服

二、单选题

1. A　2. E　3. E　4. D　5. D　6. A　7. D　8. D　9. C　10. C

三、多选题

1. ACDE　2. BCDE　3. ACDE　4. ABE

四、简答题

1. ①胰岛素依赖型糖尿病；②轻、中型糖尿病经饮食疗法及口服降糖药治疗未能满意控制症状者；③糖尿病合并妊娠及分娩时；④糖尿病患者在手术前后；⑤糖尿病伴严重感染、发热或合并消耗性疾病；⑥糖尿病发生酮症酸中毒或高渗性昏迷及乳酸性酸中毒。

2. ①过敏反应；②低血糖反应；③胰岛素耐受性；④注射部位脂肪萎缩。

3. ①酰脲类常用药物有甲磺丁脲、氯磺丙脲、优降糖、格列吡嗪等；②作用机制：磺酰脲类直接作用胰岛B细胞，刺激内源性胰岛素释放，使血糖降低。对胰岛功能丧失者无效，用于胰岛功能尚存的轻、中度糖尿病。

第二十八章　子宫平滑肌收缩药

一、填空

节律性 催产　引产　强直性 产后止血

二、单选题

1. B　2. A

三、多选题

1. ABC　2. AC

四、是非题

1. ×　2.√

五、简答题

选择性兴奋子宫平滑肌：小剂量引起子宫节律性收缩，即宫体收缩、宫颈松弛，有利于分娩；大剂量使子宫产生强直性收缩。

第二十九章　抗菌药物概论

一、名词解释

1. 抗菌药是一类能杀灭或抑制病原微生物，用于防治感染性疾病的药物。根据来源不同可分为抗生素和人工合成抗菌药。

2. 化疗指数是衡量化疗药物安全性及有效性的指标，常用 LD_{50}/ED_{50} 之比表示，比值大表明药物的毒性低而疗效高，临床应用价值高。

3. 抗生素是由某些微生物产生能抑制或杀灭其他病原微生物的化学物质。

4. 抗生素后效应：病原体与抗菌药物接触后，当药物浓度低于最低抑菌浓度或被机体消除后，仍然对细菌的生长繁殖有抑制作用，这种现象称为抗生素后效应。

二、单选题

1. D　2. B　3. C　4. C

三、多选题

1. ABCDE　2. ACDE　3. ABCDE

四、简答题

①细菌产生灭活抗菌药的酶，如β-内酰胺酶可水解青霉素和头孢霉素，钝化酶（乙酰转移酶、磷酸转移酶和核苷转移酶等）可将某些基团结合到抗生素的 NH_2 基或 OH 基上而丧失抗菌活性。②改变细胞膜通透性，使药物不易进入菌体或进入菌体后易被排出。例如细菌可改变细胞壁的孔蛋白通道而使青霉素类、头孢霉素类和氨基糖苷类不能进入。③细菌体内靶位结构的改变：如细菌改变青霉素结合蛋白（PBPs）的结构，减少其与β-内酰胺类抗生素的结合，因而对β-内酰胺类耐药；④其他：细菌可增加抗菌药物拮抗物的产量（如耐磺胺药的金葡菌株，对氨基苯甲酸的产量可为敏感菌的20倍）或改变代谢途径（如细菌直接利用外源性叶酸）而产生耐药。

第三十章　抗生素

一、填空

1. 耐酸 耐酶 抗菌谱广
2. 杀菌作用强 毒性低 价廉
3. 骨 金黄色葡萄球菌引起的急慢性骨髓炎
4. 军团菌病 空肠弯曲菌肠炎 白喉带菌者 支原体肺炎(肺炎衣原体所致婴儿肺炎)
5. 鼠疫 布鲁菌病 兔热病 结核病
6. 钙剂 新斯的明
7. 天然四环素 半合成四环素
8. 二重感染 影响骨和牙的生长

二、单选题

1. D　2. C　3. E　4. D　5. B　6. B　7. B　8. B　9. D　10. E
11. B　12. C　13. D　14. D　15. B　16. C　17. E　18. D　19. A　20. B　21. C

三、多选题

1. BE　2. AD　3. ABC　4. ADE　5. ABCD　6. ABD　7. BCD　8. ADE　9. CD　10. ACE
11. BD　12. ABD　13. ABCDE　14. ABCE　15. ABCD　16. ABDE　17. ACDE

四、是非题

1.√　2.×　3.√　4.×　5.×　6.×　7.√　8.√　9.×　10.×

五、论述题

1. ①详细询问过敏史和家族过敏史:凡对青霉素过敏者禁用,对有变态反应性疾病、皮肤真菌病及其他药物过敏史者禁用或慎用。②皮肤过敏试验:凡初次注射或停用3天后再用者,或用药过程中青霉素批号更换时均应重做皮试。反应阳性者,应禁用。③注射青霉素后应观察30分钟。④在青霉素注射或皮试时,应做好急救准备,一旦出现过敏性休克,立即皮下或肌内注射0.1%肾上腺素0.5~1.0毫克,并每隔15~30分钟反复用药,直至病情缓解。必要时可稀释后缓慢静脉注射。吸氧,人工呼吸,同时输液,给予升压药、糖皮质激素等。⑤严格掌握适应证,避免局部用药。⑥避免空腹给药。⑦青霉素应临用临配。

2. 作用机制:青霉素与转肽酶结合,抑制其活性,使黏肽不能交叉联结,从而抑制细菌胞壁的合成,使细菌胞壁缺损,液体内渗,导致菌体膨胀变形而崩解。并激发细菌胞壁自溶酶的活性,导致菌体细胞裂解而死亡。

作用特点:①对繁殖期细菌作用强,对静止期细菌作用弱;②对革兰阳性菌作用强,对革兰阴性菌作用弱;③对人和动物毒性小,对真菌无效。

3. 口服主要用于治疗革兰阴性菌所致各系统的中度感染。注射用于耐药的革兰阴性菌引起的严重感染,对以革兰阴性杆菌为主要致病菌,兼有厌氧菌和革兰阳性菌的混合感染且病情危重者,应及时选用。

4. ①耳毒性:可引起前庭功能障碍和耳蜗神经损害。②肾毒性:损害肾小管上皮细胞,出现蛋白尿。③变态反应:可见药热、皮疹等过敏反应,偶见过敏性休克。④神经肌肉阻滞:可出现四肢无力甚至呼吸抑制。

第三十一章　人工合成抗菌药

一、填空

1. 抑制细菌DNA回旋酶　DNA合成
2. 全身感染类　肠道感染类　外用类
3. 对氨基苯甲酸　二氢叶酸合成酶　二氢叶酸　抑制
4. 同服 $NaHCO_3$　多饮水

二、单选题

1. E　2. B　3. C　4. D　5. E　6. D　7. D　8. B

三、多选题

1. ABCDE　2. ACE

四、是非题

1. ×　2. ×　3. ×　4.√　5.√　6. ×

五、简答题

1. 磺胺类药通过干扰细菌的叶酸代谢而抑制细菌的生长繁殖。磺胺类药的结构与PABA相似,可与PABA竞争二氢叶酸合成酶,妨碍二氢叶酸的合成,进而妨碍四氢叶酸的合成并影响核酸的合成,抑制细菌的生长繁殖。

2. 氟喹诺酮类药物主要是通过抑制细菌的DNA回旋酶而影响细菌DNA的合成。其能嵌入DNA双链中与非配对碱基结合,形成药物-DNA-酶复合物,抑制回旋酶A亚基切断和连接DNA的功能,从而抑制DNA复制和转录,导致细菌死亡。

3. 磺胺乙酰化代谢产物在尿中的溶解度较低,尿呈酸性时易在肾小管析出结晶,造成肾脏损伤。应同服等量碳酸氢钠,使尿液呈碱性以增加其溶解度,嘱患者服药期间多饮水,以利排泄。并避免磺胺类药物联合使用。

第三十二章　抗结核病药

一、填空

1. 异烟肼　利福平　乙胺丁醇　链霉素　吡嗪酰胺
2. 抑制　杀灭
3. 结核分枝杆菌　麻风杆菌

二、单选题

1. B　2. C　3. D　4. A　5. A

三、多选题

1. ABCDE　2. ACDE

四、是非题

1.√　2.√

五、简答题

1. 早期用药、联合用药、规律用药和全程督导。

2. 异烟肼对结核杆菌有高度选择性,抗菌力强,对静止期结核杆菌有抑制作用,对繁殖期结核杆菌有杀灭作用。适用于各种结核病,为首选药物之一。早期轻症或预防用药时单用,其余均与其他一线抗结核病药合用。

第三十三章　抗真菌药和抗病毒药

一、填空

1. 酮康唑　氟康唑　克霉唑

二、是非题

1. ×　2.√　3. ×　4.√

第三十四章　抗寄生虫药

一、填空

1. 氯喹　伯氨喹　乙胺嘧啶
2. 甲硝唑
3. 吡喹酮　高效　可口服　见效快　不良反应少

二、是非题

1. ×　2.√　3. ×　4.√

第三十五章　抗恶性肿瘤药

一、单选题

1. B　2. E　3. E　4. A　5. D　6. E　7. C

二、多选题

1. ABCDE

三、简答题

1.共有的不良反应

(1)骨髓抑制:除激素类、博来霉素和L-门冬酰胺酶外,大多数抗恶性肿瘤药物均有不同程度的骨髓抑制。

(2)消化道反应:恶心和呕吐。

(3)脱发。

2.特有的毒性反应

(1)心脏毒性:多柔比星。

(2)呼吸系统毒性:博来霉素和白消安可引起肺纤维化。

(3)肝脏毒性:MTX、羟基脲、CTX、鬼臼毒素类。

(4)肾和膀胱毒性:CTX、顺铂。

(5)神经毒性:长春新碱、紫杉醇。

(6)过敏反应:L-门冬酰胺酶、博来霉素、紫杉醇。